# 21张战略画布

## 中小企业战略涂鸦化的经验和方法

冉 斌 ◎ 著

 中国商业出版社

图书在版编目（CIP）数据

21张战略画布：中小企业战略涂鸦化的经验和方法 / 冉斌著. -- 北京：中国商业出版社，2021.10
ISBN 978-7-5208-1803-2

Ⅰ.①2… Ⅱ.①冉… Ⅲ.①中小企业—企业战略—研究 Ⅳ.① F276.3

中国版本图书馆 CIP 数据核字（2021）第 191851 号

责任编辑：包晓嫱　佟彤

中国商业出版社出版发行
010-63180647　www.c-cbook.com
（100053　北京广安门内报国寺 1 号）
新华书店经销
香河县宏润印刷有限公司印刷
\*
710 毫米 ×1000 毫米　16 开　14 印张　210 千字
2021 年 10 月第 1 版　2021 年 10 月第 1 次印刷
定价：52.00 元
\*\*\*\*
（如有印装质量问题可更换）

# 前　言

在历史的长河中，如果我们稍加追溯，就会发现许许多多知名的战略专家。他们的真知灼见改变了中国，影响了世界，这些人非常值得我们向他们行礼致敬。

管仲就是这么一个人。他是春秋时期一个著名的战略专家，从公元前685年至公元前645年帮助齐桓公小白治理齐国40年。他认为商战重于兵战，在任内大兴改革，富国强民，推行"仓廪衣食""选贤任能""叁国伍鄙""尊王攘夷"的16字方略，使名不见经传的齐国迅速成为"春秋五霸"的第一位实力盟主。管仲非常注重齐国经济的发展，从他"均地分力""与民分货"的经济思想中，靓衣灭鲁梁、砍柴误莱莒、买鹿服楚蛮、狐皮臣代国、器械灭衡国的成功案例中，以及"仓廪实而知礼节，衣食足而知荣辱，上服度则六亲固。四维不张，国乃灭亡。下令如流水之原，令顺民心"的经典名句中，我们都可洞见其"会当凌绝顶"的战略才华。

在春秋之后的战国时期，距离管仲大约300年的时间，历史上再次出现了一位极具前瞻性的战略专家，他的名字叫商鞅。商鞅协助秦孝公嬴渠梁推行"废井田、重农桑、奖军功"的经济方略，他认为没有经济基础，就不可能雄霸天下，也不可能打败其他诸侯国家。商鞅两次执着的变法得罪了很多高层，导致最终被车裂。虽然他的下场很惨，但秦国经济却由此步入了快速发展。可以这么说，商鞅变法的关键成果之一就是使国小民寡的秦国经济实现了快速发展，变法最终的成果就是使秦国很快成为"战国七雄"中最为强大的国家。商鞅变法为一百多年后嬴政的"十年兵战",消灭韩、赵、魏、齐、燕、楚六国打下了坚实无比的经济基础。

距离春秋战国 2000 多年之后的 1573 年,首辅张居正上书明神宗推行"考成法",十年"万历新政"由此拉开序幕。"考成法"使朝廷发布的各种政令"虽万里外,朝下而夕奉行"。张居正所推行的"一条鞭法",即"尊主权,课吏职,信赏罚,持法严"的治理方略,使萎靡不振的明王朝经济状况得到了非常大的改善,国库储备粮食最多的时候高达 1300 多万石,可供全天下老百姓食用 3 年。从历史大局来看,"万历新政"无疑是影响深远、绩效成果丰盛的一次转型变革,涵盖政治、经济、军事、文化等多个领域。张居正的"一条鞭法"介于"两税法"与"摊丁入亩"之间,在今天各种各样的企业变革活动中,仍然具有非常强的借鉴意义。

说完了管仲、商鞅、张居正的战略成就,再说说企业家的战略责任。企业家的战略责任究竟是什么呢？我认为就是一张能够拿得出手的战略蓝图。这张战略蓝图不一定很大,但是在格局上一定要体现出"会当凌绝顶,一览众山小"的精神,梦想就是比别人美,愿景就是比别人高,眼界就是比别人广,方向就是比别人准,收获就是比别人多。

多年来我一直在咨询培训行业工作,深度参与了很多管理咨询项目,见识了很多有战略胆识的企业家,也经历了一些好玩的事情。写书和讲课的目的,就是想和大家分享我的咨询心得,有思想层面的,也有理论层面的,还有感悟层面的,希望能让更多的企业家朋友受益,在战略上少走弯路。

多年前,在一次讲课的间隙,有位学生问我:"老师,规划好 21 张战略画布后,在推动执行的过程中,有什么诀窍吗？"我说:"战略变革不宜烈度过大,最好遵循三分之一法则和两手抓法则,在稳定中求变革,在变革中求稳定。我的经验是第一阶段最好先把公司层面的商业模式画布和业务层面的商业模式画布做好做实,其他画布放在第二阶段或第三阶段来做。"后来我帮这家企业做战略咨询,在行业跨界、产业延伸和业务创新这三个板块中大展拳脚,推动战略变革,短短几年时间,让这家企业取得巨大发展。今天,我仍在以顾问的身份帮助这家企业持续不断地深化全方位的战略变革和组织变革。

儒家告诉企业家,要格物致知、修身齐家、安邦治国平天下,做一个有理想、有责任的栋梁之材;佛家告诉企业家,一切皆有因果,要开大门,走正道,不能迷失方向,做一个有正心、正念、正见的君子;道家告诉企业家,得与失、多与少、大与小、弱与强、成与败,都是可以瞬间转化的,要做一个张弛有度、专心致志、不过于执着、不为名利所累的高手。

冉斌

2021 年 3 月 1 日

# 自 序

## 企业非常需要战略涂鸦化的活动

知名战略专家迈克尔·波特在《竞争优势》中写过这么一段话:"我发现不少公司,好像每个人都很忙,每个人都做很多事情,每个人都很努力,每个人都很能干,每个人都很聪明。但实际调研出来的结果却相当令人吃惊,大部分公司的大部分员工,对自己公司的战略知之甚少!"

借助迈克尔·波特的调研结果,想问大家两个小问题。第一个问题是:当下的中国企业普遍都有战略吗?答案是肯定的,都有战略,但大多数企业的战略只是存在于头脑中而已,并没有完整地写出来。第二个问题是:核心员工普遍都了解企业的战略意图吗?答案是否定的,大多数员工不太了解,说了解的员工也都只是碎片化和断章取义的了解而已。

这是一个怪现象。这种现象如何解决呢?笔者认为定期让大家参与到战略画布的涂鸦中来,可以很好地解决这个问题。战略画布的涂鸦既是文字化战略的一个落地再现的过程,也是一个群策群力共同创新的过程。

改革开放之初,企业员工不了解战略好像并没有什么不妥之处。因为当时比较普遍的观点认为,战略是企业家一个人的事情,和员工没什么太大的关系。员工只要有热情、有干劲就行了,不了解战略,照样可以埋头拉车,照样可以把工作干得风生水起,照样可以"兵来将挡,水来土掩"。今天活跃在市场上的很多优秀的头部企业,其实就是在那种混沌模糊的环境中发展起来的。这些企业取得了令人瞩目的伟大成就,今天依然还在大踏步地前进。

这种普遍性的论调是否会导致员工参不参与战略、了不了解战略其实都无所谓，企业照样可以做得很成功的错觉？答案当然是否定的。

近20年，商业环境已经今非昔比。以前到处都是产业蓝海，现在几乎到处都是一片肃杀的红海；以前是制造经济为主，现在是知识经济和资本经济领航；以前是中国制造，现在是中国创造；以前是相对封闭的环境，现在是完全开放的环境；以前是董事长冲在最前线，现在则是职业经理人冲在最前线；以前是一个相对平和的稳定时代，现在是一个充满着高度博弈的竞争时代。今天中国经济的成熟度、集中度、竞争度、开放度、成长度，中国企业的供应链、产业链、价值链、资金链、空间链和几十年前已经完全不一样了，这是以往任何一个时代都无法比拟的。

所以，要成为一个全新时代的卓越企业，究竟要不要让员工参与进来，把文字化的战略涂鸦化，转化为可视化的战略画布呢？答案当然是肯定的。《孙子兵法》中有这么一段话："兵者，国之大事，死生之地，存亡之道，不可不察也。"基于长期的管理实践，我们总结和精练了21张战略画布，作为战略蓝图从理论到实践的主要代表。

● 企业如何做大做强？企业如何进行转型跨界？企业如何进行产业升级？企业如何基于转型跨界和产业升级实现财富倍增？第一张、第二张、第三张战略画布可以将完整的答案告诉你。

● 企业如何进行公司层面的商业模式创新？基于长期的管理实践，我们创建了公司商业模式的公式——公司层面的商业模式＝财富模式×行业模式×产业模式×业务模式×战略模式×经营模式×合作模式×公司模式×资本模式×股权模式×组织模式×管理模式×交易模式×营销模式×利润模式。第四张战略画布可以将完整的答案告诉你。

● 企业的总体战略目标有哪些？有4个板块：一是财务性战略目标；二是经营性战略目标；三是管理性战略目标；四是排名性战略目标。企业如何制定高瞻远瞩的战略目标？第五张战略画布可以将完整的答案告诉你。

● 企业如何进行价值定位？企业如何选择合适的交易模式？企业如何选择商业变量以实现财富倍增？企业如何进行业务层面的商业模式的创新？基于长期的管理实践，我们创建了业务商业模式的公式——业务层面的商业模式＝价值定位 × 价值交易 × 财富倍增。第六张、第七张、第八张、第九张、第十张、第十一张、第十二张战略画布可以将完整的答案告诉你。

● 企业如何进行战略性人力资源开发管理运营？基于长期的管理实践，我们创建了包含一个战略、三个规划、六大机制、九大系统的战略性人力资源开发管理模型。第十三张战略画布可以将完整的答案告诉你。

● 企业如何实现战略落地、指标量化、数据评价、激励有力的绩效管理体系？基于长期的管理实践，我们创新了包含指标体系、制度体系、教练体系的"铁三角"绩效管理模型。第十四张战略画布可以将完整的答案告诉你。

● 企业如何进行财务管理？企业如何实现更高的净资产收益率？杜邦财务模型为我们提供了一套完整的方法论。第十五张战略画布可以将完整的答案告诉你。

● 企业如何进行宏观环境的分析？企业如何进行行业环境的分析？企业如何进行外部压力的分析？企业如何进行自我分析？第十六张、第十七张、第十八张、第十九张战略画布可以将完整的答案告诉你。

● 企业如何将文字化的战略变成一张可视化的战略地图？企业如何将战略任务与组织系统完美地结合起来？第二十张、第二十一张战略画布可以将完整的答案告诉你。

战略领域的未知非常多，呈现方式也非常多。我们从零零碎碎的实践经验中提取出一些所谓的工具和方法论，形成了一个相对完整的战略系统。非常感谢佐佑商学院和首席战略官学院的顾问、专家、伙伴、客户，还有我的家人。特别是我的父母、太太和孩子，他们为我的事业付出了辛勤的劳动和巨大的牺牲，再次深表感谢。

冉斌

2021 年 3 月 1 日

# 目 录

## 第一章　总体战略的五张画布

**第一张战略画布——总体战略 / 2**

一、三百六十行，行行出状元 / 2

二、国民经济行业分类标准 / 3

三、行业的生命周期理论 / 8

四、几家欢乐几家愁的新兴行业和夕阳行业 / 10

五、专业化战略是大多数企业的起点 / 11

六、一体化战略是做大做强的必然选择 / 12

七、大多数商业帝国都选择了多元化战略 / 13

八、生态链战略是互联网巨头的重要选择 / 15

**第二张战略画布——业务选择 / 16**

一、什么是产业 / 16

二、海底捞集团的全产业链 / 18

三、全产业链企业会越来越多 / 20

四、什么是业务 / 21

五、业务选择的方法 / 22

**第三张战略画布——业务评估 / 25**

一、好业务还是坏业务 / 25

二、业务地位九宫格 / 27

三、红海业务和蓝海业务 / 29

**第四张战略画布——公司层面的商业模式 / 31**

一、商业模式40年的发展历程 / 32

二、你会选择什么样的商业模式 / 33

三、公司的财富究竟来自哪些维度 / 34

四、经营模式定位 / 36

五、营销模式定位 / 38

六、中小企业要学会和资本打交道 / 38

七、中小企业要尽快踏上上市之路 / 40

八、成功的商业模式案例 / 41

九、几种有缺陷的商业模式 / 47

**第五张战略画布——战略目标 / 54**

一、财务性战略目标 / 54

二、排名性战略目标 / 55

三、经营性战略目标 / 58

四、管理性战略目标 / 58

## 第二章　业务战略的七张画布

**第六张战略画布——价值定位 / 62**

一、定位使用价值 / 62

二、定位延伸价值 / 64

三、定位品牌价值 / 66

四、寻找更多的价值定位 / 67

**第七张战略画布——价值交易 / 69**

一、交易对象 / 70

二、交易界面 / 71

三、交易顺序 / 71

四、交易价格 / 75

## 第八张战略画布——业务战略 / 78

一、领先的质量是不可或缺的前提条件 / 78

二、领先的技术就是话语权和垄断权 / 82

三、增加功能意味着更多的可能性和竞争力 / 83

四、品类的多或少没有对错之分 / 84

五、真诚的服务能产生画龙点睛的效果 / 85

六、好的品牌就是一张特别通行证 / 85

七、大多数价格战都赔了夫人又折兵 / 90

八、市场可以分为蓝海、红海、死海 / 96

九、客户有明星、金牛、山猫、瘦狗之分 / 97

十、好的营销能形成爆点和卖点 / 103

## 第九张战略画布——业务战略组合拳 / 116

一、什么是业务战略"组合拳" / 116

二、什么是性价比策略 / 117

三、什么是奢侈品策略 / 118

四、什么是薄利多销策略 / 118

## 第十张战略画布——价值链 / 119

一、什么是价值链 / 119

二、经营价值链中的研发有多重要 / 121

三、管理价值链上的规范化管理 / 122

## 第十一张战略画布——供应链 / 124

一、什么是供应链 / 124

二、高田气囊带来的召回事件 / 125

三、进博会优化了中国企业的供应链 / 126

四、如何进行供应链定位 / 127

## 第十二张战略画布——业务层面的商业模式 / 128

一、商业模式公式 / 128

二、一个杯子的商业模式 / 129

## 第三章　职能战略的三张画布

### 第十三张战略画布——人力资源 / 134

一、为什么是华为 / 134

二、人力资源模型 / 135

三、人力资源战略 / 136

四、人力资源规划 / 139

五、人力资源机制 / 139

六、人力资源系统 / 141

七、非人力资源部的人力资源管理 / 143

### 第十四张战略画布——绩效管理 / 144

一、什么是第三代绩效管理 / 145

二、绩效管理的五大功能 / 147

三、绩效管理的实施技巧 / 149

### 第十五张战略画布——财务管理 / 151

一、什么是杜邦财务模型 / 151

二、杜邦财务模型的三个核心指标 / 152

三、杜邦财务模型的使用步骤 / 153

## 第四章　战略分析的四张画布

### 第十六张战略画布——宏观环境分析 / 156

一、政治环境分析 / 156

二、经济环境分析 / 157

三、技术环境分析 / 159

四、社会环境分析 / 159

**第十七张战略画布——行业环境分析 / 161**

    一、行业主要壁垒分析 / 161

    二、行业经济特性分析 / 162

    三、产业结构分析 / 163

**第十八张战略画布——外部压力分析 / 165**

    一、什么是波特五力模型 / 165

    二、现有竞争者的竞争力 / 166

    三、潜在进入者的竞争力 / 167

    四、替代性产品的竞争力 / 168

    五、消费者讨价还价的压力 / 169

    六、供应商讨价还价的压力 / 170

**第十九张战略画布——自我分析 / 171**

    一、关键问题的提出视角 / 171

    二、战略方案的选择视角 / 173

    三、企业的核心竞争力 / 173

## 第五章　战略执行的两张画布

**第二十张战略画布——战略地图 / 176**

    一、平衡计分卡的财务视角 / 176

    二、平衡计分卡的客户视角 / 177

    三、平衡计分卡的流程视角 / 178

    四、平衡计分卡的发展视角 / 182

**第二十一张战略画布——组织系统 / 188**

    一、什么是组织系统 / 188

    二、法人结构 / 189

    三、组织结构 / 193

    四、管控体系 / 196

五、权责体系 / 199
　　六、流程体系 / 200

　　**后记 / 203**

# 第一章
## 总体战略的五张画布

# 第一张战略画布——总体战略

| 行业选择/总体战略 | 专业化战略 | 一体化战略 | | | | | 多元化战略 | | 生态链战略 | |
|---|---|---|---|---|---|---|---|---|---|---|
| | | 前向一体化 | 后向一体化 | 纵向一体化 | 横向一体化 | 综合一体化 | 相关多元化 | 不相关多元化 | 单一生态链 | 多元生态链 |
| 现有行业 | | | | | | | | | | |
| 擅长行业 | | | | | | | | | | |
| 热点行业 | | | | | | | | | | |
| 梦想行业 | | | | | | | | | | |

第一张战略画布——总体战略

涂鸦"总体战略"画布的意义主要有两点：一是进行行业分析，为企业可能性的行业跨界、行业融合或行业转型提供依据，从而确定企业的大方向和大格局；二是在业已选定的行业里，确定企业的总体打法，也就是战略路线的选择，共有四条路，看企业是走专业化战略的道路，还是一体化战略、多元化战略、生态链战略的道路。

## 一、三百六十行，行行出状元

北宋初年，社会和谐，国泰民安，有一位叫叶元清的新科状元，骑着高头大马，在都城汴京繁华的商业街市上巡游。他看到无数能工巧匠在辛勤劳作，很是感慨，留下了一句大家耳熟能详的话语——三十六行，行行出状元!

这三十六行究竟是哪三十六行呢？在北宋周辉所编著的《清波杂志》中，我们可以找到非常明确的记载。这三十六行分别是肉肆行、宫粉行、成衣行、玉石行、珠宝行、丝绸行、麻行、首饰行、纸行、海味行、鲜鱼行、文房用具行、茶行、竹木行、酒米行、铁器行、顾绣行、针线行、汤店行、药肆行、扎作行、件作行、巫行、驿传行、陶土行、棺木行、皮革行、故旧行、酱料行、柴行、网罟行、花纱行、杂耍行、彩兴行、鼓乐行、花果行。

后来，清代学者徐珂把三十六行的叫法修改成了三百六十行。他在《清稗类钞》一书中写下了修改的原因："三十六行者，种种之职业也，就其分工而约计之。曰三十六行，倍之，则为七十二行，十之，则为三百六十行。"由此可见，三十六行或三百六十行的讲法其实只是一个大概的数字。自古以来，一个社会的行业数量不仅仅是三百六十行，达到五六百行也不一定。相对来讲，经济越发达，社会越成熟，行业就越多。

## 二、国民经济行业分类标准

在企业做大做强的诸多路径图中，选择行业跨界是非常重要的一种方法。那么什么是行业呢？行业指的是具有某种社会属性、功能属性、经济属性的企业集群。行业是社会分工的产物，它随着社会分工的产生而产生，并随着社会分工的细化而发展。行业的数量不是一成不变的，时时刻刻都在改变。

参照联合国发布的《所有经济活动的国际标准产业分类》（ISIC Rev4），国家统计局和国家标准化研究院在2017年发布了《国民经济行业分类标准》（GB/T4754—2017），将各行各业划分为20个门类、97个大类、473个小类和1380个非常具体的行业。20个行业门类分别是：①农林牧渔业。②采矿业。③制造业。④电力、热力、燃气及水生产和供应业。⑤建筑业。⑥批发和零售业。⑦交通运输、仓储和邮政业。⑧住宿和餐饮业。⑨信息传输、软件和信息技术服务业。⑩金融业。⑪房地产业。⑫租赁和商务服务业。⑬科学研究和技术服务业。⑭水利、环境和公共设施管理业。⑮居民服务、修理和其他服务业。⑯教育。⑰卫生和社会工作。⑱文化、体育和娱乐业。⑲公共管理、社会保障和社会组织。⑳国际组织。

A. 农、林、牧、渔业

- 01 农业
- 02 林业
- 03 畜牧业
- 04 渔业
- 05 农、林、牧、渔专业及辅助性活动

B. 采矿业

- 06 煤炭开采和洗选业
- 07 石油和天然气开采业
- 08 黑色金属矿采选业
- 09 有色金属矿采选业
- 10 非金属矿采选业
- 11 开采辅助活动
- 12 其他采矿业

C. 制造业

- 13 农副食品加工业
- 14 食品制造业
- 15 酒、饮料和精制茶制造业
- 16 烟草制品业
- 17 纺织业
- 18 纺织服装、服饰业

- 19 皮革、毛皮、羽毛及其制品和制鞋业
- 20 木材加工和木、竹、藤、棕、草制品业
- 21 家具制造业
- 22 造纸和纸制品业
- 23 印刷和记录媒介复制业
- 24 文教、工美、体育和娱乐用品制造业
- 25 石油、煤炭及其他燃料加工业
- 26 化学原料和化学制品制造业
- 27 医药制造业
- 28 化学纤维制造业
- 29 橡胶和塑料制品业
- 30 非金属矿物制品业
- 31 黑色金属冶炼和压延加工业
- 32 有色金属冶炼和压延加工业
- 33 金属制品业
- 34 通用设备制造业
- 35 专用设备制造业
- 36 汽车制造业
- 37 铁路、船舶、航空航天和其他运输设备制造业
- 38 电气机械和器材制造业
- 39 计算机、通信和其他电子设备制造业
- 40 仪器仪表制造业
- 41 其他制造业
- 42 废弃资源综合利用业
- 43 金属制品、机械和设备修理业

D. 电力、热力、燃气及水生产和供应业

- 44 电力、热力生产和供应业
- 45 燃气生产和供应业
- 46 水的生产和供应业

E. 建筑业
- 47 房屋建筑业
- 48 土木工程建筑业
- 49 建筑安装业
- 50 建筑装饰、装修和其他建筑业

F. 批发和零售业
- 51 批发业
- 52 零售业

G. 交通运输、仓储和邮政业
- 53 铁路运输业
- 54 道路运输业
- 55 水上运输业
- 56 航空运输业
- 57 管道运输业
- 58 多式联运和运输代理业
- 59 装卸搬运和仓储业
- 60 邮政业

H. 住宿和餐饮业
- 61 住宿业
- 62 餐饮业

I. 信息传输、软件和信息技术服务业
- 63 电信、广播电视和卫星传输服务
- 64 互联网和相关服务

- 65 软件和信息技术服务业

J. 金融业
- 66 货币金融服务
- 67 资本市场服务
- 68 保险业
- 69 其他金融业

K. 房地产业
- 70 房地产业

L. 租赁和商务服务业
- 71 租赁业
- 72 商务服务业

M. 科学研究和技术服务业
- 73 研究和试验发展
- 74 专业技术服务业
- 75 科技推广和应用服务业

N. 水利、环境和公共设施管理业
- 76 水利管理业
- 77 生态保护和环境治理业
- 78 公共设施管理业
- 79 土地管理业

O. 居民服务、修理和其他服务业
- 80 居民服务业
- 81 机动车、电子产品和日用产品修理业
- 82 其他服务业

P. 教育
- 83 教育

Q. 卫生和社会工作
- 84 卫生
- 85 社会工作

R. 文化、体育和娱乐业
- 86 新闻和出版业
- 87 广播、电视、电影和录音制作业
- 88 文化艺术业
- 89 体育
- 90 娱乐业

S. 公共管理、社会保障和社会组织
- 91 中国共产党机关
- 92 国家机构
- 93 人民政协、民主党派
- 94 社会保障
- 95 群众团体、社会团体和其他成员组织
- 96 基层群众自治组织及其他组织

T. 国际组织
- 97 国际组织

除了极少数的行业有较高的门槛很难进入，大多数行业的门槛，企业家都是可以很轻松地迈过的。企业家可以为了梦想和财富进入一个行业，也可以因为不再热爱或无利可图而离开一个行业。对企业家来说，行业就是"天高任鸟飞，海阔凭鱼跃"的一个"房间"而已，有价值就推门进来，没价值就关门离去。

## 三、行业的生命周期理论

行业有好坏之分吗？没有。虽然行业没有好坏之分，但每一个行业都

是有生命周期的。有萌芽阶段的行业，也有衰退阶段的行业；有大市场容量的行业，也有小市场容量的行业；有高峰阶段的行业，也有低谷阶段的行业，起起落落像层峦叠嶂的山峰一样。我们要记住，没有所谓永远朝阳或永远衰败的行业，人无千日好，花无百日红。行业生命周期理论是美国经济学家雷蒙·德弗农于1966年在他的文章《生命周期中的国际投资与国际贸易》中首次提出来的，其后生命周期理论在管理学界得到了非常广泛的应用。生命周期理论揭示了任何一个行业、任何一个企业和任何一个产品普遍性的内在发展规律，一共5个阶段，分别是萌芽期、发展期、成熟期、衰退期、再生期。

萌芽期。萌芽期意味着4个全新，即行业全新、产品全新、市场全新、客户全新。一个全新的行业刚出现时，有很多东西是不太成熟的，人们对这个行业的认知还处于一知半解的状态，甚至这个行业本身的商业模式、关键技术和相关产品，都还处于探索和创新的阶段。所以萌芽期的很多新东西带给大家的可能是惊喜，也有可能是惊吓、失望和不成熟。比如2019年1月苹果公司推出的视频通话软件FACETIME，就在大家一致叫好的时候，黑客却发现了可以窃听的漏洞，苹果公司只好马上叫停。在行业萌芽期率先进入这个行业的企业是第一个吃螃蟹的人，往往具有一定程度的先发优势，但这些企业的市场风险也非常大。因为一个新行业的成功往往历经磨难，所以在一个全新行业的萌芽阶段，要把腹背受敌的企业培育出来是非常不容易的。特别是在营业收入低和投资回报率低的情况下，一些不太勇敢的企业往往熬不过冬天，很快就成为失败者了。

发展期。发展期意味着一个行业的春天到了，这个行业以前所努力探索的东西正是市场所需要的东西，二者高度契合，具有非常大的商机。一个行业的快速发展期就是我们通常所说的黄金发展节点，市场所呈现出来的特点是容量非常大，整个行业的供应能力不足，企业营收呈几何级数增长，利润空间大，投资回报率高，市场处于井喷状态，主动拉着企业往前跑，巨大的红利扑面而来，谁进入谁得利，谁投资谁发展。

成熟期。成熟期意味着一个行业的供应能力和市场的需求基本平衡，行业增长从过去超高速的水平降到相对稳定的中低速水平。行业的成熟期意味着市场集中度非常高，市场趋于垄断或相对垄断的一种状态，头部企业非常明显。

衰退期。衰退期意味着一个曾经辉煌的行业开始走下坡路，市场需求萎缩得非常快，长时间处于下行通道中。处于衰退期的行业，市场规模不断下降，利润水平停滞不前或者持续下降，经营风险非常大。

再生期。再生期意味着一个跌到谷底的行业在经历了凤凰涅槃之后再次得到重生，焕发出全新的生命力再次出发。一个行业的再生往往意味着商业模式、新技术、新产品的自我革命和彻底迭代。

## 四、几家欢乐几家愁的新兴行业和夕阳行业

也就是几年前，很多人觉得几乎是不务正业的一件事情——打游戏——在今天竟然变成了一个非常时髦的行业，叫电竞。比如还有帮人化妆扮靓，在今天竟然成了美妆行业；直播卖货和网红带货，在今天竟然也成了大家见惯不怪的新零售行业；基于互联网和人工智能的看病问诊，在今天已经成为大家非常熟悉的互联网医疗行业。

一个全新的行业能够快速兴起，大概有这么几种情况：第一种是伴随着一些新兴科技的出现，一个崭新的行业随之兴起，行业与新科技之间是一种相伴相生的关系。比如随着IT信息科技的发展，直接带来的就是硬件、软件、游戏、电脑、手机等很多行业的蓬勃发展。第二种是随着社会化分工越来越细，专业化程度越来越高，从传统行业中剥离或演变出来一些全新行业，比如金融区块链行业、互联网金融行业、健康管理行业、养老行业、电子商务行业、在线教育行业、家居物联网行业、3D打印行业、新能源汽

车行业等。第三种是情怀或者是企业发展的内在规律所引发的一些行业，好像一个一个的轮回，比如生态养殖行业、传统中医行业、手工订制行业等。

与新兴行业的蓬勃发展完全相反的是，一些曾经辉煌无比的行业正在快速没落。比如我们大多数家庭都使用过的柯达胶卷、富士胶卷和乐凯胶卷，现在已经完全被数码产品所取代了。再比如传统的唱片行业，大多数喜欢音乐的人都买过唱片、盒带、光盘，今天几乎已经找不到这些东西了。

## 五、专业化战略是大多数企业的起点

什么是专业化战略？专业化战略就是企业将所有的资源和能力只集中于一个行业的一个业务的战略。简单地说，就是企业只有一个鸡蛋，也只有一个篮子。

专业化战略可能会让企业失去一些所谓的发展机会，但专业化战略可以使企业在激烈竞争的市场格局中，在一个相对细分的业务领域中充分发挥出企业的核心竞争优势。人员专业，技术专业，资源集中，精耕细作，做自己最擅长的事情，能让企业相对容易地达到更高的业务水平，能更好地满足顾客的需求，并能更加准确地把握住顾客需求的变化。

彼得·德鲁克说，企业系统地把注意力集中在一件事情上，集中力量打歼灭战，通过专注于某一个点来加速企业的成长，几乎可以肯定地说，取得竞争优势是必然的。在一个细分的领域中，专业化企业往往能比多元化企业更容易赢得客户的心。

专业化战略并不会扼杀企业的发展，专业化战略的缺点很明显，优点也很明显，像红牛饮料、海天味业等企业，都属于比较典型的专业化企业。实施专业化战略一样可以做大做强并取得非常卓越的成就。

比较极致的专业化战略就是单品战略，绝对的一个产品，连第二个品类都没有，比如红牛维生素功能饮料，20多年来，用一款250毫升的金色铁罐装饮料打下了一片全新的天地。

## 六、一体化战略是做大做强的必然选择

什么是一体化战略？一体化战略是指企业将所有的资源和能力集中于一个行业的多个业务的战略。一体化战略就是将一个行业完整产业链上若干个相对独立的环节有机结合在一起，形成一个更长产业链的战略。一体化战略具体有前向一体化战略、后向一体化战略、纵向一体化战略、横向一体化战略、混合一体化战略五种。一体化战略是很多专业化企业在做大做强的过程中的一个必然选择。一体化战略一般通过扩张、收购、兼并、控股、联合等方式来具体执行。

一体化战略可以充分发挥企业在既有原材料、产品、市场、技术、服务等环节上的相关优势，根据产业链不同方向的延伸，使企业具备向不同深度和广度发展的可能性。

前向一体化战略是指企业在一个行业完整产业链已有相关业务的基础上，积极向市场客户端方向延伸的一种战略。

后向一体化战略是指企业在一个行业完整产业链已有相关业务的基础上，积极向原材料生产端方向延伸的一种战略。

纵向一体化战略也被称作垂直一体化战略，是指企业在一个行业完整产业链已有相关业务的基础上，同时向市场客户端方向（第三产业方向）、原材料生产端方向（第一产业方向）延伸的一种战略。

横向一体化战略也被称作水平一体化战略，是指企业在一个行业完整产业链已有相关业务的基础上，积极把这种业务进行规模扩张的一种战略。实施横向一体化战略的主要目的是扩大规模、降低成本、巩固市场、提高竞争力。常见的规模扩张、同行业收购、同行业兼并、同行业控股、跨国并购都是横向一体化战略的主要表现方式。

混合一体化战略是前向一体化战略、后向一体化战略、纵向一体化战略和横向一体化战略的有效叠加，是指企业在一个行业完整产业链已有相关业务的基础上，积极把这种业务进行规模扩张的同时，还向市场客户端方向（第三产业方向）或者原材料生产端方向（第一产业方向）进行延伸的一种战略。

一体化战略的优点非常明显，是企业经营规模呈几何级数往前迈大步的一个契机，是脱胎换骨的一次质变，但需要企业秉持"路漫漫其修远兮，吾将上下而求索"的精神，唯有脚踏实地把战略做实，方能摘得最后胜利的果实。不少盲目乱动的企业，在一番毫无建树的折腾之后，又通过缩短战线、断臂求生的方式退回到以前专业化战略的状态，何其悲哀。

实施一体化战略的知名案例非常多，比如海信收购东芝、TCL 收购汤姆逊电视和阿尔卡特手机、联想收购 IBM 电脑和摩托罗拉手机、吉利收购沃尔沃轿车、滴滴并购优步等。这些不胜枚举的案例当中有获得巨大成功的企业，也有一败涂地的企业，一些企业脱胎换骨，一些被打回原形。

## 七、大多数商业帝国都选择了多元化战略

什么是多元化战略？多元化战略是指企业将所有的资源和能力集中于多个行业的多项业务的战略。多元化战略有相关多元化战略和不相关多元化战略两种。简单地说，多元化战略就是企业把不同的鸡蛋放在不同的篮子里。

对相关多元化战略这个概念的理解，首先需要注意的是，这些业务具有多元化的特点，即企业这些多元化业务相互之间在功能性质上是完全不同的，是完全独立的利润中心。比如汽车 4S 店的新车销售业务、车辆维

修保养业务和二手车业务,这三大业务在功能性质上是完全不同的,利润模式不同、管理模式不同。

对相关多元化战略这个概念的理解,其次需要注意的是,这些业务具有高度相关性的特点,即企业这些多元化业务具有明显的强相关关系。比如汽车4S店的这三大业务,从理论上来讲,这三大业务的客户百分之百是相同的:都是同一位车主;这三大业务相互之间具有百分之百的先后逻辑关系,难以割裂:车主买了新车之后,需要维修保养,换车时也需要对旧车进行处置。

再举一个例子,在美国西部淘金热时,一大批人去淘金,那么与淘金相关的产业是什么呢?一是卖铲子的,二是划船摆渡的。很多劳心劳力淘金的人并没有发财,过得很惨,而卖铲子的和划船摆渡的,基本都发了大财。

对不相关多元化战略这个概念的理解,比较简单。首先是多元化的业务。这些多元化业务相互之间在功能性质上是完全不相关的。一个又一个独立的利润中心或事业部,甚至是独立法人的企业,有可能来自同一个行业,也有可能来自完全不同的行业。其次,这些多元化业务相互之间没有什么必然的内部逻辑,也没有什么太多的相关性可言,风马牛不相及。比如华润集团拥有地产业务、制药业务、啤酒业务、百货业务、水泥业务、天然气业务等,这就是典型的不相关多元化战略,也就是我们通常所说的,要把鸡蛋放在不同的篮子里。

专业化是起点,多元化是终点。与专业化战略和一体化战略相比较,多元化战略的风险相对更高一些,特别是不相关多元化战略,要执行好是相当不容易的一件事情。

## 八、生态链战略是互联网巨头的重要选择

生态链战略这个词语是近几年才出现的，尚没有明确统一的定义，外界一般认为是小米和华为在战略实践中摸索出来的。生态链战略是一种超越了企业自身范围的战略，不仅包括企业自己，还包括很多其他的关联企业。简单地说，生态链战略指多个企业的多项业务的一种战略。

生态链战略指企业的业务结构由一个多维度、多层次、多结构、多主体无限链接又相互作用的网络系统所组成。首先，围绕一个点形成一个环或多个环，或者围绕若干个点形成具有若干层次的若干个环。其次，再从环内的某一个点继续向外扩张，形成新的一个环或多个环。大量复杂的业务、资源在一个生态圈内得以链接和培育，又一个点一个点地向生态圈外衍生和扩散，最终形成一个环环相扣的生态系统。生态链超越了传统产业链和产业集群的概念，是战略创新的一个重要突破。

打一个形象的比方，我们向平静的湖面投下一枚石子，发现这枚石子会形成若干个逐渐泛开的圆圈，这些圆圈都是有规律的。生态链战略就好比同时向湖面投下多枚石子，所有这些石子的圆圈此起彼伏、犬牙交错地混在一起，看似无序，实际上环环相扣、相互影响、相互作用。这一大片有圆圈的水域就是企业的一个生态链。

前不久笔者在乘坐东方航空的航班时，发现东方航空的生态链正在延伸——在万米高空中，空姐向旅客推销航模、化妆品、电子产品、折扣机票、酒店、景点等商品，旅客即使现场不买，也可以扫描关注东航的应用程序，以后有需求的时候再买。这分明就是在"机票环"的基础上链接出来了一个全新的"商品环"。

# 第二张战略画布——业务选择

| 行业跨界/产业升级<br>（业务选择） | 第一产业<br>农林业 | 第二产业<br>制造业 | 第三产业<br>服务业 | 第四产业<br>商贸业 | 第五产业<br>文化业 | 第六产业<br>科技术业 | 第七产业<br>金融业 |
|---|---|---|---|---|---|---|---|
| 现有行业 | | | | | | | |
| | | | | | | | |
| | | | | | | | |
| | | | | | | | |
| 跨界行业 | | | | | | | |
| | | | | | | | |
| | | | | | | | |
| | | | | | | | |

图二 业务选择画布

涂鸦"业务选择"画布的意义主要有三点：一是思考企业的行业选择问题。俗话说"男怕入错行女怕嫁错郎"，其实企业也很怕入错行；二是思考企业的产业升级和产业融合的问题，在全产业链上进行一个或多个产业的选择；三是思考具体行业和具体产业下的业务选择问题，任何一个具象化的业务，都不是凭空产生的，而是由行业、产业、专业这三个方面所共同确定的。

## 一、什么是产业

把各行各业划分为三大产业是现在世界各国比较通行的做法。通常我们把最上游的企业集群叫作第一产业，把中游的企业集群叫作第二产业，把最下游的企业集群叫作第三产业。

国家统计局发布的《国民经济行业分类标准》（GB/T4754—2017）明文规定：第一产业指农林牧渔业（不含农林牧渔服务业）；第二产业指采矿业（不含开采辅助活动业），制造业（不含金属制品、机械和设备修理业），电力、热力、燃气及水生产和供应业，建筑业；第三产业指除第一产业、第二产业以外的其他行业，包括批发和零售业，交通运输、仓储和邮政业，住宿和餐饮业，信息传输、软件和信息技术服务业，金融业，房地产业，租赁和商务服务业，科学研究和技术服务业，水利、环境和公共设施管理业，居民服务、修理和其他服务业，教育，卫生和社会工作，文化、体育和娱乐业，公共管理、社会保障和社会组织，国际组织，农林牧渔服务业，采矿业中的开采辅助活动业，制造业中的金属制品、机械和设备修理业。

在管理咨询的过程中，我们发现正在崛起的大量新兴经济体，如果简单粗暴地把它们都放在第三产业里，未免太过于笼统和简单，很难从产业链这个角度来系统思考这些企业究竟有何本质上的不同。顺着三大产业划分的基本思路和原则，我们认为把商贸业、文化业、科技业、金融业从第三产业中划分出来，成为完全独立的第四产业、第五产业、第六产业、第七产业，这样才更加具有全产业链升级的现实指导意义。

什么是全产业链？简单地说，全产业链指的是企业的业务活动覆盖了第一产业、第二产业、第三产业、第四产业、第五产业、第六产业、第七产业这个完整链条上的所有环节和所有层次的所有业务活动。比如中粮集团，实现了从田间到餐桌的全产业链活动。再比如同仁堂，实现了药材种植、药材加工、物流运输、连锁销售、人才教育、品牌加盟、药品研发、投资并购的全产业链活动。

## 二、海底捞集团的全产业链

海底捞集团创建于1994年，经过20多年的发展，已经成为一家餐饮集团企业。海底捞于2018年在香港上市，目前正在加速进行自己在餐饮行业的全产业链布局，已有的企业包括颐海国际（一家火锅底料供应企业）、蜀海供应链（一家集菜品采购、中央厨房、仓储物流为一体的二级集团企业）、蜀韵东方（一家门店装修企业）、海晟通（一家财务咨询企业）、微海咨询（一家管理咨询培训企业）、红火台网络科技（一家软件服务企业）、HI外送（一家外卖服务企业）、海广告（一家文化品牌营销传播企业）、瀛海智能（一家智能设备生产维修企业）、海海科技（一家游戏化营销平台开发企业）。

针对海底捞餐厅，问大家两个问题：（1）海底捞餐厅属于什么行业？很多人的回答是餐饮行业。（2）海底捞餐厅属于什么产业？很多人的回答是第三产业，典型的服务业。按照《国民经济行业分类标准》和《所有经济活动的国际标准行业分类》的相关规定，上述回答完全正确。

如果把三大产业的问题想得再细一点，就会显现出很多自相矛盾的地方。举个例子来说，比如我们去海底捞餐厅吃火锅，海底捞的整个运作流程大概是这样的：①接待顾客；②点菜服务；③制作锅底；④制作菜品；⑤上菜服务；⑥饮料服务；⑦整理服务；⑧其他服务；⑨买单送客。

很明显，海底捞并不是一个很纯粹的服务业企业，流程中第三步制作锅底和第四步制作菜品，显然不是第三产业，而是第二产业，是制造业的范畴。在九个步骤的大流程中，这两个步骤的重要性不输给其他任何步骤。

你可能会说，海底捞餐厅的火锅底料和所有菜品都是由供应链企业配送的，不是连锁门店自己制作的，所以海底捞不是制造业企业，而是服务业企业。其实很多小火锅店，特别是单店运作的火锅店，所有火锅底料都是自己熬制出来的，而且每个菜品都是自己精心加工出来的，甚至部分蔬菜还是自己亲自种植出来的。所以把海底捞餐厅当作制造业企业，也不是没有道理。

再比如，我们去全聚德吃烤鸭，全聚德的整个运作流程大概是这样的：①接待顾客；②点菜服务；③烤鸭制作；④片皮操作；⑤鸭架后制作；⑥上菜服务；⑦酒水服务；⑧其他服务；⑨买单送客。很明显，全聚德也不是一个很纯粹的服务业企业，第三步烤鸭制作、第四步片皮操作、第五步鸭架后制作，显然不属于第三产业，而是第二产业，是制造业的内容。在9个步骤的整个大流程中，这3个步骤的重要度和复杂度，比其他任何步骤都要重要和复杂。

再举个例子，为肯德基和麦当劳等门店配送面包和糕点等食材的嘉顿集团，有90多年的生产制造历史。嘉顿集团为肯德基和麦当劳等诸多企业配送面包、蛋糕、饼干、糖果等食材，按照《国民经济行业分类》标准，嘉顿集团是典型的制造业企业。面包和糕点在嘉顿集团制作属于第二产业的内容，难道在好利来、仟吉、面包新语的门店里制作就不是第二产业的内容了吗？

很多餐饮业为突出食材的新鲜，往往都是在顾客下单之后，才现场杀鸡宰鱼的。难道这些东西放在上游的供应链企业制作就属于制造业，而放在餐厅里制作就不是制造业而变成服务业了吗？

上述自相矛盾问题的形成，我认为是由于产业划分的标准不够精细、过于粗放而导致的。按照传统的划分方法，海底捞属于第三产业、中国银行属于第三产业、碧桂园地产属于第三产业、中国移动属于第三产业、研究院属于第三产业等。把这些毫不相干的企业通通放在一起，都作为第三产业，还有任何战略指导意义吗？

笔者在《五环战略》一书中，曾写过一个关于全产业链的比喻事例，内容是这样的：第一产业就是养牛喂羊；第二产业就是杀牛宰羊；第三产业就是吃牛肉喝羊汤；第四产业就是卖牛羊肉，还送货上门；第五产业就是发展与牛羊相关的文娱活动，比如影视、书画等；第六产业就是克隆牛克隆羊；第七产业就是投资并购、上市融资等。

之所以我们要提出第一、第二、第三、第四、第五、第六、第七产业的概念，就是想从理论的角度为企业的产业升级提供一个参考工具。如果产业划分得过于粗线条，你很难发现机会究竟在哪里；如果把产业划分得相对精细一些，就更容易找到突围的机会。

比如一家初具规模的葡萄酒商贸企业，发展到一定程度，它的战略机会还有哪些呢？可以在第一、第二、第三、第四、第五、第六、第七全产业链上进行通盘思考，至少有七种可能的战略机会。

一、发展第一产业（农林），建立葡萄园种植基地，培育幼苗并种植葡萄。

二、发展第二产业（制造），增加生产线，扩大葡萄酒的生产规模，或者对葡萄进行深加工，进入保健品、食品、药品、饮料、零食等行业。

三、发展第三产业（服务），开设葡萄园酒店、葡萄园主题农庄等。

四、发展第四产业（商贸），开连锁门店。

五、发展第五产业（文化），创作与葡萄和葡萄酒相关的诗、书、画、影视作品等，或者发展与葡萄和葡萄酒相关的品牌和知识产权等。

六、发展第六产业（科技），成立研究机构，研究与葡萄和葡萄酒相关的各种高新技术，比如种植技术、转基因技术、降三高技术、防衰老技术等。

七、发展第七产业（金融），开展投资、并购、重组等活动，寻求上市，将企业证券化。

## 三、全产业链企业会越来越多

狭义的全产业链模式指的是基于纵向一体化战略所形成的运作模式，虽然上中下游已经完全打通了，但企业从总体上来讲还是只有一个利润中心而非多个利润中心，上游百分之百为中下游服务，中游百分之百为下游服务。

广义的全产业链模式指的是多利润中心模式，即企业的上中下游产业链的所有环节都已经完全打通了。从总体上来讲，上中下游产业链合在一起是一个利润中心，但上中下游每一个环节也可以是一个相对独立的利润中心，上游不一定为下游服务，中游也不一定为下游服务，这三个环节既独立又协同。

全产业链最重要的环节是两头，即上游和下游。上游代表种植，企业拥有原材料；下游代表营销，企业拥有市场和客户。上游和下游如果还要分出个轻重缓急来的话，当然是上游的自给自足更重要一些，没有掌控原材料的企业，很难称得上是全产业链企业。

全产业链企业是上下游业务多个单元形成一个利益共同体。这种企业能够把最末端顾客的需求，通过市场机制和企业计划反馈到最前端的种植环节上来，产业链上的所有环节都必须以市场和顾客为导向。中粮集团就是这种全产业链模式实践得比较好的代表性企业之一。

## 四、什么是业务

广义的业务指的是企业经营活动中的一个或多个综合性项目。比如汽车4S店，主要有三大业务，分别是车辆的销售业务、维修保养业务、金融业务。比如酒店，主要有三大业务，分别是酒店住宿业务、餐饮业务、物业租赁业务。比如银行，主要有三大业务，分别是银行负债业务、资产业务、中间业务。

狭义的业务概念指的是企业围绕若干产品和服务所形成的利润中心，就是大项目中的小项目，是细分之后的那些非常具体的项目。比如4S店的车辆销售业务可以细分为5个非常具体的项目：新车零售业务、新车批售业务、二手车零售业务、二手车批售业务、精品套餐业务。车辆维修保养业务可以细分为三个非常具体的项目：汽车维修业务、汽车保养业务、汽车改装业务。汽车金融业务有3个非常具体的项目：汽车租赁业务、汽车保险业务、汽车贷款业务。

任何业务都具有3个属性，缺一不可：一是行业属性，这项业务归属于一个或多个明确的行业；二是产业属性，这项业务归属于一个或多个明确的产业；三是企业属性。企业属性指一个企业选择这个业务的具体理由是什么，大抵有三种原因：一是梦想，这项业务是企业长久以来的一个梦想，企业非常希望进入；二是专业，企业非常擅长和熟悉这项业务，具有明确的专业优势，企业非常希望进入；三是热门，这项业务具有天时地利人和的特点，或有市场需求，或有政府背书，或有资本支持，或有政策红利，企业非常希望进入。

## 五、业务选择的方法

如何进行业务选择？这是一个非常专业的问题，涉及业务选择的逻辑性。我们根据咨询过程中获得的项目经验，总结了4种业务选择的方法，分别是点选择法、线选择法、环选择法和链选择法，用这4种方法所选择的业务分别叫点业务、线业务、环业务和链业务。

点业务。点业务包括单点业务和多点业务，单点业务指企业只选择了一个行业的一个业务，就一个点，没有第二个点，这是绝对的单一业务。多点业务指企业选择了若干个行业的若干个业务，多个点，这些点相互之间没有关系，连不起来，是完全独立的，这是绝对的不相关多元化业务。

线业务。线业务包括单线业务和多线业务。这里的线指的是直线，也可以是曲线。一条直线起码需要两个点才能连接起来，一条曲线至少需要3个点才能连接起来。不管是单线业务还是多线业务，都要有起点，也要有终点，没有形成闭环，就不能称之为线业务。

单线业务指只有一条线，这条线将两个点或多个点连接起来了。我们可以把单线业务理解为基于一体化战略的业务组合。

多线业务指由多条线所形成的业务集合。这些线条有3种状态，第一种状态是所有线条都没有出现交叉点，完全各自独立，我们可以把这种状态理解为不相关多元化业务。第二种状态是部分线和线之间出现了交叉点，而部分线和线之间没有出现交叉点，我们把这种状态理解为不相关多元化业务。第三种状态是这些线条中的每一条，都至少和其他线条中的某一个线条出现了交叉点，我们把这种状态称为相关多元化业务。

环业务。环业务包括单环业务和多环业务，这里的环指的是完全封闭的闭环，如果以固定的圆心和相同的半径画出来一个环，这个圆心加上外面的这个环就叫单环业务。如果圆心不变，以不同的半径画出多个闭环来，这种一个圆心加多个闭环的业务就叫多环业务。

圆心指的是资源、品牌、客户、技术、产品等商业因素，可以理解为企业的核心竞争力。闭环指的是围绕这个核心竞争力所打造的一个产业平台或者产业链。比如，华为拥有自主知识产权的麒麟芯片，以麒麟芯片为圆心，所画出来的第一个闭环是通信设备，这个闭环包含了各种型号和制式的通信设备的研发、生产、销售、建设、服务、投资等多个环节；第二个闭环是手机，包括各种型号的手机的研发、生产、销售、服务等多个环节。

链业务。链业务包括单链业务和多链业务。首先需要明确一个概念，什么是链？一个链至少需要两个或更多个环，环环相扣才能形成一个链。如果只有一个链条，我们就称为单链业务；如果有多个链条，不管这个链条和其他链条有没有交叉，我们都称之为多链业务。

举一个例子，由雷军所创建的小米集团，2018年7月成功在港交所上市，公司市值很大，影响力也很大。小米手机从2018年开始，其出货量稳居全球前四名。在此基础上，小米集团形成了一个庞大的粉丝群，俗称米家，这些粉丝的忠诚度很高，人手一台或者多台小米手机。

如果以小米手机为圆心，至少可以画出3个闭环来。第一个闭环是手机周边的关联设备业务，比如小米数据线、小米充电宝、小米充电器、小米手机壳、小米自拍杆、小米音箱等产品。第二个闭环是手机周边的智能家居产品业务，通过手机中的App将这些智能家居产品形成万物互联的一个物联网，比如小米手环、小米空气净化器、小米平衡车、小米扫地机器人、小米电饭煲、小米垃圾桶、小米笔记本、小米净水器、小米摄像头等。第三个闭环是生活日用品业务，和手机没有什么关系，比如小米牙膏、小米牙刷、小米剃须刀、小米毛巾、小米牛仔裤等生活耗材；还有一些产品，比如小米相机、小米打印机等工作耐用品，相信只有铁粉才会去买。

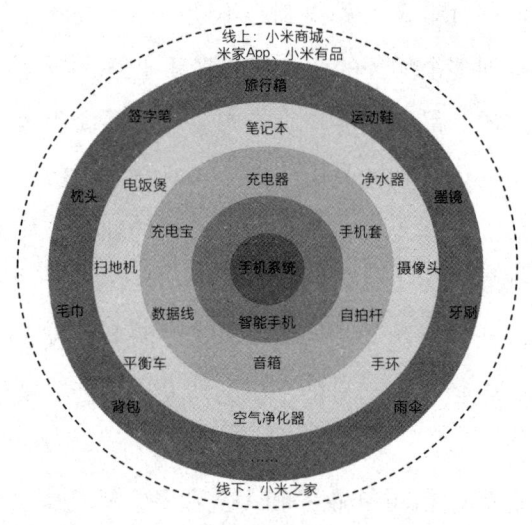

**小米产品链**

以手机为圆心所形成的环，我们可以称为手机环业务；以小米粉丝需求为圆心所形成的环，我们可以称为粉丝环业务；把手机环和粉丝环二者连接起来的最大公约数是小米品牌，这两个环，环环相扣，形成了一个相互作用相互影响的生态链。目前小米生态链还在进一步向外衍生和扩展。

第一章　总体战略的五张画布

# 第三张战略画布——业务评估

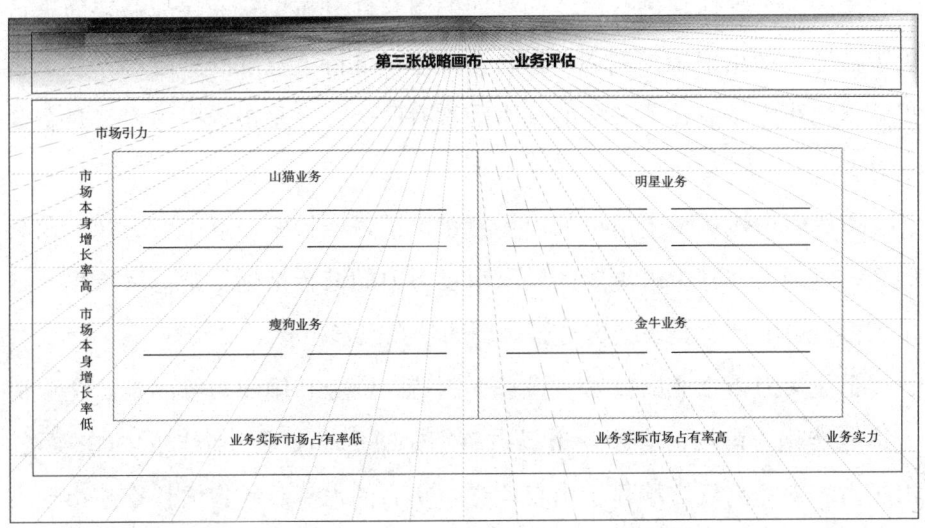

涂鸦"业务评估"画布的意义主要有两点：一是对初步选择的多项备选业务进行科学有效的评估打分，有理有据；二是依据评估结果对相关业务进行理性的判断选择，究竟是高举高打地发展，还是退出、维持、扭转、分拆，不是拍脑袋和凭感觉，而是科学决策。

## 一、好业务还是坏业务

有很多业务，从表面上看很不错，专家在赞美，投行在支持，绝对的热点业务、风口业务，大家都在追，比如2020年的口罩业务、医疗器械业务、新基建业务。可是当你一拍脑袋真正做起来的时候，才发现，实际情况完全不是当初想象的那个样子。别的企业做得还不错的业务为什么在自己这里变成了一个陷阱、一块鸡肋呢？

如何区分一个业务是好业务还是坏业务呢？波士顿矩阵给我们提供了一个不错的评估方法。波士顿矩阵也被称作业务矩阵、产业矩阵、产品矩阵，是美国知名的波士顿咨询公司创始人布鲁斯·亨德森在20世纪70年代提出的一个业务评估工具。这个工具把企业全部的单项业务或业务组合，作为一个整体来进行横向和纵向的组合性分析，从而在战略层面进行决策，比如做出退出、剥离、扭转、观望、维持、发展的决定等。波士顿矩阵认为决定企业业务好坏的基本因素有两个，一是市场引力，二是企业实力。

市场引力包括整个市场的市场容量、销售增长率、竞争对手强弱及利润高低等因素。其中最主要的反映市场引力的综合指标是销售增长率，这个指标是决定企业业务结构是否合理的外在因素。

企业实力指企业的技术、设备、制造、资金利用能力等因素。企业实力最终转化为市场占有率，市场占有率是决定企业业务结构的内在要素。市场占有率的高低直接显示出企业竞争实力的水平。销售增长率与市场占有率既相互影响，又互为条件。市场引力大，占有率高，可以显示该业务发展的良好前景，企业也具备相应的适应能力，实力较强。如果仅是市场引力大，而没有与之相对应的市场占有率，说明企业没有足够的实力，则该种业务也无法顺利发展。相反，企业实力强，而市场引力小的业务也预示了该业务的市场前景不佳。

通过市场引力和企业实力这两个因素的相互作用，会出现4种不同性质的业务类型，形成企业完全不同的业务发展前景：一是销售增长率和市场占有率双高的业务群，通常称为明星业务；二是销售增长率和市场占有率双低的业务群，简称瘦狗业务；三是销售增长率高而市场占有率低的业务群，简称山猫业务；四是销售增长率低而市场占有率高的业务群，简称金牛业务。

明星业务。明星业务处于市场占有率和市场增长率都很高的行业快速增长期。企业应该采取积极正面的发展策略，加大投资，通过并购扩张等手段，高举高打，全力进攻，果断迅速地把这个业务集群做大做强。

瘦狗业务。瘦狗业务处于市场占有率和市场增长率都很低的行业成熟期或者衰退期。企业应该毫不犹豫地采取切割退出或者逐步收缩的策略，千万不要再对此类业务进行盲目投资，否则这个业务集群会像黑洞一样把企业拖入万劫不复的深渊。

山猫业务。山猫业务处于市场占有率低和市场增长率高的窗口机遇期。这种机遇对于有实力的企业来说是机遇，对于没有实力的企业来说则是陷阱。对于山猫业务，企业应该采取谨慎投资、逐步扭转的发展策略，使其一步一步朝明星业务的象限移动。如果山猫业务经过多年努力仍毫无建树，则建议企业采取逐步收缩、最后全面退出的策略。

金牛业务。金牛业务处于市场占有率高和市场增长率低的行业成熟期或者衰退期。企业应该采取全面维持、稳扎稳打、守住山头的策略，千方百计维持住来之不易的行业地位，待市场有明显复苏迹象的时候，再加大投资，大力发展，使其一步一步朝明星业务的象限移动。

## 二、业务地位九宫格

业务地位九宫格是由荷兰皇家壳牌集团首创并被管理学界所普遍接受的一个业务性质分类工具。这个工具最大的特点在于对不同性质的业务制定了定向政策，如下图所示。业务地位九宫格的横坐标是业务的发展远景，纵坐标是企业的发展实力，最终形成 $3 \times 3$ 的九象限矩阵，每一个象限都代表着完全不同性质的业务，以及该业务所应该被赋予的选择政策。

|  | 业务发展能力 |  | 业务发展远景 |
|---|---|---|---|
| 发展能力强 | 收缩型业务 | 重点型业务 | 战略型业务 |
| 发展能力中 | 分拆型业务 | 维持型业务 | 保护型业务 |
| 发展能力弱 | 剥离型业务 | 观望型业务 | 扶持型业务 |
|  | 发展远景差 | 发展远景中 | 发展远景好 |

　　战略型业务。这个象限中的业务大多数都是新兴业务，具有非常广阔的市场空间，而且成长快、利润空间大，机会稍纵即逝。最先进入该行业的那些企业具有先发优势，实力较强的企业应该利用自身的正面优势，优先发展这些业务。一旦这些业务做起来了，企业往往会发生质变，在一个全新的领域中成为行业的领军企业。

　　保护型业务。这个象限中的业务大多数都还比较稚嫩，经过一段时间的发展，具备了一定的规模和基础，但还没有完全实现盈利，需要得到企业持续的正面保护，比如继续投入资金、技术、人才等，使其度过瓶颈期，一步一步达到盈亏平衡点，从初创阶段逐步迈向成熟阶段，再朝领导型业务的方向慢慢进步。

　　扶持型业务。扶持型业务基本上可以当作一个全新的业务来对待，需要企业在各个方面进行大力的扶持，包括资金、技术、人才等。扶持型业务还处在初始投入的萌芽阶段，刚起步，完全没有任何产出，商业模式和管理模式都不成熟。如果企业停止了主动的扶持，基本上这个象限的业务慢慢就烟消云散了。

　　重点型业务。处于这个象限中的大多数业务都是比较成熟的业务，企业经过多年打拼，拥有较高的市场地位和影响力，得来这一切非常不容易。但该业务处于成熟期，呈现出红海竞争的状态，行业集中度高，竞争格局非常残酷，所以企业只有进行深度创新才能够彻底突围，并把其他竞争对手甩掉。企业在这种情况下，应该继续加大投入，比如人力、技术、文化、管理、组织、营销等，巩固该业务的行业地位和品牌影响力，继续追求该业务比其他竞争对手更快的经济成长和更高的投资回报。但同时也要有比较清醒的头脑，毕竟该业务的生命周期已经达到顶点了，过度的大宗固定资产的投入要非常谨慎。

维持型业务。对这个象限的业务企业可以采取维持性的发展策略，追求一个相对较低的增长速度，减少各种不必要的投入。

观望型业务。对这个象限的业务，企业最好采取一个观望的态度，在一个非常小的范围内边做边看，边看边做。如果进入市场的门槛非常高的话，干脆停下来，也许是一小段时间，也许是两三年，当企业具备了一定的发展能力之后，再重新启动。

收缩型业务。这个象限的业务很明显进入了生命周期的衰退期，处于严重下滑的一种状态，即使曾经辉煌无限，但发展空间越来越小，利润越来越薄。企业在这种情况下，应该进行逐步收缩，包括规模的收缩、投资的收缩、人员的收缩等。

分拆型业务。由于这个象限的业务很明显进入了生命周期的衰退期，加上企业的发展能力较普通，所以企业应将该业务进行分拆，保留相对优质的那部分业务继续观望或者做维持性发展，而其他的业务则采取彻底剥离的方式让企业减轻负担。

剥离型业务。这个象限的业务很明显是企业的陷阱业务，企业应该千方百计进行剥离，丢掉这些垃圾业务，使企业减轻负担，轻装上阵。

## 三、红海业务和蓝海业务

英国国际商学院的钱·金教授和欧洲工商管理学院的勒妮·莫博涅教授在他们的《蓝海战略》一书中，对红海业务和蓝海业务的概念进行了非常详细的阐述。

什么是红海业务？红海业务指在市场上已经存在较长时间，并且长期处于高度竞争状态的成熟业务，大多数红海业务在市场上都是高度饱和甚至过剩的状态，而且已经走到了微利时代。简单地说，红海业务就是传统市场上的传统业务。

什么是蓝海业务？蓝海业务指超越传统市场的全新的某种业务，或者在未知领域里成长起来的还没有竞争对手的新兴业务。大多数蓝海业务在市场上都处于起步阶段，市场空间大，竞争对手少，享有暴利时代的所有红利。简单地说，蓝海业务就是传统市场上的全新业务，或者未知市场中的新兴业务。

举一个蓝海业务的例子。银夫人婚纱影楼，总部位于三亚，成立于20世纪90年代，经过20多年的发展，在国内拥有了20多家连锁影楼，积累了大量优质的客户。但从2012年开始，该公司就一直处于微利状态。我们在提供服务的过程中，经过大量的市场分析、客户走访和内部研讨，最终确定了两项蓝海性质的跟拍业务，第一项业务是对小朋友的成长过程进行跟拍，第二项业务是对已婚夫妻的家庭生活进行跟拍。对小朋友的成长过程跟拍，指的是从小朋友出生开始，一直跟拍到18岁，不管小朋友在全球任何地方，不管小朋友在做什么事情，旅游也好，上学也好，每年两次全天候24小时全程跟拍，绝不间断。跟拍活动从早上起床开始一直跟拍到晚上睡觉为止，最终输出的是精心制作的相册和有故事情节的视频，作为成长过程中的印迹写真。对已婚夫妻的家庭生活跟拍，指的是从夫妻结婚这一天作为起点，1年、2年、5年、10年、20年、50年一直跟拍下去，绝不间断。跟拍从夫妻两个人变成3个人或者4个人都可以，每年一次全天候24小时全程跟拍，不管夫妻或家庭成员在做什么事情，工作也好，旅游也好，上学也好，在全球任何地方，都进行真实的记录，最后合并在一起，成为一本相册和有故事情节的视频。

再举一个蓝海业务的例子。盈家图文工作室，总部位于新加坡，是一家不到30个人的小公司，由一位摄影家和两位年轻的画家在2016年合伙创建，目前已经完成了A轮和B轮的股权融资，2019年营业额接近2亿元人民币。这家公司是如何从传统市场突围，找到蓝海业务的呢？我们在提供服务的过程中，结合三位创始人的专业特长，提出了蓝海性质的家族画像业务。什么是家族画像呢？家族画像就是为每个家族在世和不在世的三代、四代或五代人创作一幅精美而且可以长久传承的全家福。流程的第一步，由项目经理收集整理好每一位家族成员的年龄、职业、爱好、履历等详细资料，交给摄影师和画家，让摄影师和画家充分了解每一位家族成员的基本情况。流程的第二步，由摄影师对每一位家族成员进行单独拍照，一些不能参加拍照的人或者已经过世的长辈，可以利用他们之前的照片，所有这些照片汇总完成后，摄影师和画家结合他们的基本情况进行形象定位和形象设计。流程的第三步，由画家进行家族画像的整体构图，构图确认后，最后再由画家用纯手绘的方式完成整幅家族画像的制作。

## 第四张战略画布——公司层面的商业模式

| 公司 | 财富定位 | | | | 财富创造 | | | | | | | | 财富交易 | | | |
|---|---|---|---|---|---|---|---|---|---|---|---|---|---|---|---|---|
| | 财富模式 | | | | 行业模式 | 产业模式 | 战略模式 | 业务模式 | 经营模式 | 合作模式 | 公司模式 | 资本模式 | 股权模式 | 组织模式 | 管控模式 | 交易模式 | 营销模式 | 利润模式 |
| | 财富源于业务 | 财富源于资金 | 财富源于资产 | 财富源于品牌 | 财富源于股权 | 财富源于市值 | 单一行业 | 多元行业 | 农林产业 | 制造产业 | 商贸产业 | 文化产业 | 科技产业 | 金融产业 | 专业化战略 | 一体化战略 | 生态链战略 | 多元化战略 | 单业务 | 多业务 | OEM模式 | ODM模式 | OBM模式 | 管理合作 | 经营合作 | 公益组织 | 有限公司 | 股份公司 | 国有企业 | 民营企业 | 合资企业 | 股权集中 | 股权分散 | 矩阵式 | 事业部式 | 战略管控 | 集团式 | 人事管控 | 财务管控 | 操作管控 | 交易对象 | 交易平台 | 交易价格 | 分销模式 | 直营模式 | 混合模式 | 单利模式 | 复利模式 |
| 商模现状 | | | | | | | | | | | | | | | | | | | | | | | | | | | | | | | | | | | | | | | | | | | | | | | | |
| 商模创新 | | | | | | | | | | | | | | | | | | | | | | | | | | | | | | | | | | | | | | | | | | | | | | | | |

涂鸦"公司层面的商业模式"画布的意义主要有 3 点：一是定位清楚公司财富主要是从哪些维度创造出来的；二是对公司财富的创造逻辑进行有效设计，主要是各种商业因素的有机选择和组合；三是确定公司财富是如何和第三方进行交换的。

## 一、商业模式40年的发展历程

"商业模式"这个词语出现的时间非常早，有一种学术观点认为最早应该可以追溯到工业革命时代的中期。但是商业模式作为一门相对独立的新兴学科，则是伴随着 20 世纪 80 年代互联网经济的兴起才逐渐成熟起来的。当时大量的互联网公司以骄人的业绩和惊人的发展速度不断刺激着人们的神经。那么与传统企业差别很大的互联网公司，为什么能够大获成功呢？背后的商业逻辑是什么？传统企业该如何追赶互联网企业？在这种情况下，大量的商业模式研究理论应运而生，但是这一阶段商业模式的研究成果大多数都是比较粗糙、片面的，甚至是错误的。这个阶段的研究成果一般被称为商业模式 1.0 时代。随着互联网泡沫的快速破灭，大量的商业模式研究成果也随之破灭。

从 20 世纪 90 年代中期开始，陆陆续续有一批从事商业模式研究的专家，以继承者和探索者的姿态，回到学术原点。这批专家的重要贡献在于正本清源，有效提出并解决了 3 个问题：（1）研究商业模式的意义是什么？（2）商业模式的理论基础是什么？（3）商业模式的实质内容是什么？这一阶段的研究成果大多数都是专业的、系统的、规范的，高质量的理论专著非常多。这个阶段被称为商业模式 2.0 时代。这一阶段的研究成果还有一个实质性的贡献，就是把商业模式的应用范围从互联网行业延伸到了所有行业，使得商业模式学科真正具有了普遍性的特点。

进入 21 世纪，新一轮商业模式的研究浪潮更加风靡全球。这一阶段既有大量理论专家在商业模式方法论上的深度创新，也有大量实战专家在商业模式落地应用上的有效探索,产生了大量的经典成功案例。这个阶段被称为商业模式 3.0 时代。同时这个阶段也是商业模式百花齐放、百家争鸣的 20 年,更是商业模式发展史上的黄金 20 年,从理论到实践,再从实践到理论的完整闭环,参与者如云,商业模式处于快速上升的螺旋通道中。

基于长期的管理实践,我们创建了公司的商业模式公式,有时也叫一级商业模式。公司的商业模式 = 财富模式 × 行业模式 × 产业模式 × 战略模式 × 业务模式 × 经营模式 × 合作模式 × 公司模式 × 资本模式 × 股权模式 × 组织模式 × 管控模式 × 交易模式 × 营销模式 × 利润模式。

## 二、你会选择什么样的商业模式

假如你要开一家出租车公司,下面这两种商业模式你会如何选择呢?

第一种:线下模式。公司在取得出租车行业的相关资质和牌照后,买车,上牌,然后将出租车承包给有资质的出租车司机。国内几乎每个城市都有几家甚至几十家这种传统的区域型出租车公司,每家公司有几十辆到几百辆出租车不等。受政策限制,运营区域一般仅限于某一座城市,属于典型的线下模式,和互联网没太大的关系。

第二种:线上模式。公司利用移动互联网技术,将客户的叫车环节全部从线下变到线上,客户在叫车 App 上下单,然后平台将客户订单分发给附近合适的网约车司机,属于典型的 O2O 模式,线上下单线下乘车。国内有上百家这种基于互联网的出租车公司,有全国性的,也有区域性的。比如滴滴出行、首汽约车、美团专车、曹操专车、一号专车、万顺叫车等,每一家公司的经营范围从几十个城市到上百个城市不等。

假如你要开一家餐厅,下面这 3 种商业模式你会选择哪种呢?

第一种:线下加盟模式。用别人的品牌来开店,以实体店为主。比如加盟麦当劳、肯德基、必胜客、全聚德、味千拉面、小肥羊、真功夫、永和大王、大娘水饺、德克士、外婆家、俏江南、吉野家、庆丰包子铺、西贝莜面村、广州酒家等，成为连锁经营集团的加盟店之一。

第二种：线下自营模式。打造专属于自己的餐饮品牌，以实体店为主，可以是单店经营，也可以是连锁经营，不管规模大小，只做自营，不接受加盟。比如海底捞火锅、呷哺呷哺、面点王、喜家德水饺、同湘会等。

第三种：O2O模式。打造互联网餐饮，以线上外卖为主，线下为辅，可以自营，也可以连锁加盟，可以是区域性的，也可以是全国性的。比如Kao铺、意枫墅咖啡餐厅、董小姐、来趣黑椒厨房、约启青年餐厅、青年动漫餐厅、小猴子主题餐饮、桐昕巷、凤峰人民公社大食堂、寇小姐等。

假如你要把家乡特产卖出去，比如时令水果，下面这几种商业模式你会选择哪种呢？

第一种：地摊模式。摆地摊卖水果（以C2C为主）。

第二种：线下门店自营模式。自营门店卖水果（以B2C、B2M、B2B为主）。

第三种：连锁经销商模式。把水果先卖给渠道经销商，然后渠道经销商再把水果卖出去（以B2D2C为主）。

第四种：线上网店模式。网店卖水果（以B2C、B2M、B2B为主）。

第五种：电视台购物频道带货模式。电视台带货卖水果（以B2C、B2M、B2B为主）。

第六种：抖音或快手直播带货模式。直播带货卖水果（以B2C、B2M、B2B为主）。

第七种：把水果加工成产品后再卖。不卖水果，改卖果脯和罐头（以B2C、B2M、B2B为主）。

## 三、公司的财富究竟来自哪些维度

对公司的财富源头进行明确的定位是打造公司商业模式的第一个步骤。一个公司的财富究竟来自哪些维度呢？基于长期的管理实践，我们认为主要有6个维度，分别是源于业务的财富、源于资金的财富、源于资产的财富、源于品牌的财富、源于股权的财富、源于市值的财富。

财富源于业务。所谓财富源于业务，就是基于业务活动所创造的价值。一家企业把实实在在的商品和服务卖给消费者，企业在这个业务活动中所创造的财富收益就是收入金额减去成本和相应的分摊金额，之后的所得，也就是业务价值。业务活动中的这个商品可以是自己研发并生产出来的，也可以是直接采购来的，两者没有本质的区别。有时候我们把这种价值模式叫作实体经济，实体经济具有周期长、回报低的特点。

财富源于资金。所谓财富源于资金，就是基于企业资金所创造的价值。一家企业可以把自己的资金或者募集而来的资金，拿来购买外汇外币、有价证券等金融产品，或者通过第三方平台借给他人而产生收益，也可以买黄金、买期货、买文玩字画、买土地买写字楼、买其他公司的股份，进行股权投资等，什么都可以，在合适的时候，再把它卖出去，最后的那个财富收益，就是资金价值。一般没有完全变现的资金价值不能叫真正的资金价值，只能叫作预期价值或潜在价值。对大多数现金流并不是太好或者融资很困难的企业来说，得到较好的资金价值往往是一种奢望。有时候我们把这种价值模式叫作投资理财经济，一买一卖，具有短平快、高周转的特点。

财富源于资产。所谓财富源于资产，就是基于企业资产所创造的价值。一家企业可以把设备设施、办公楼、厂房或土地等有形资产租赁出去或者售卖出去，也可以把具有自主知识产权的某些技术专利等无形资产授权给其他企业使用或者转让出去。像这种通过售卖、租赁或授权使用的方式而产生的财富收益，就是资产价值。我们把这种价值模式也叫超级地租经济。

财富源于品牌。所谓财富源于品牌，就是基于企业品牌所创造的价值。一家企业可以把比较知名的品牌授权给其他企业或个人使用，也可以把企业品牌售卖出去。像这种通过品牌授权或售卖的方式而产生的财富收益，就是品牌价值。我们也把这种价值模式叫作特许经营或授权经营。

财富源于股权。所谓财富源于股权，就是基于企业股权所创造的价值。一家企业可以通过种子轮、天使轮、A轮、B轮、C轮、D轮等进行融资，可以无限融下去。像这种通过股权融资而产生的财富收益，就是股权价值。

财富源于市值。所谓财富源于市值，就是基于企业股票所创造的价值。一个企业所发行的股票数量，按照市场价格所计算出来的价值总和，就是市值。发行股票的企业可以是上市企业，也可以是非上市企业。

为实现企业总体的战略目标，一个公司该选择什么样的财富模式呢？只是业务创造财富这一种还是兼有其他的若干种模式的组合呢？都可以，没有对错之分。

目前国内大多数没有上市的中小企业，其财富模式都比较简单，甚至只有一种，就是财富源于业务。因为大多数没有上市的中小企业，在资金上都处于捉襟见肘的一种状态，在资产上也没有太多的富余，无法通过资产杠杆获得回报，在品牌上更是默默无闻，无人问津，想要进行股权融资，也是门可罗雀的一种状态。

对于大多数央企、国企或者上市公司来说，其财富模式往往都是非常多元的，基本上6种财富模式都有，当然最主要的还是前4种财富模式。

## 四、经营模式定位

选择公司的经营模式是打造公司商业模式的第二个步骤。经营模式不同，自然商业模式差别巨大。一个公司最常见的经营模式有四种，分别是OEM模式、ODM模式、OBM模式、OSM模式。OEM是Original Entrusted Manufacture的缩写，简称代原厂加工经营模式。ODM是Original Design Manufacturer的缩写，简称原创设计经营模式。OBM是Original

Branding Manufacturing 的缩写，简称原创品牌经营模式。OSM 是 Original Standard Manufacturing 的缩写，简称原创发明经营模式。

代原厂加工经营模式（OEM）。作为全世界最大的制造中心，目前国内还有相当多的企业是专门为一些国际品牌做代工的。比如为苹果产品代工的企业主要有富士康、比亚迪、立讯精密等。为华为产品代工的企业主要有伟创力、比亚迪、富士康等。为耐克产品代工的企业主要有协丰鞋业、三丰鞋业、宝成集团、溢达集团等。为阿迪达斯产品代工的企业主要有申州集团、永嘉集团、联泰集团等。

原创设计经营模式（ODM）。国内有相当多的传统的、低附加值企业，由于缺资金、缺人才、缺技术，这些企业基本上都是采取拿来主义的做法，缺少原创设计这个环节。有些企业甚至不惜以身试法，完全抄袭别人的原创设计，这种行为非常不好。近几年，国内的手机企业，比如华为、小米、OPPO、VIVO、一加、魅族等，之所以能在全世界快速崛起并独领风骚，有一个非常重要的原因就是这些企业的原创设计做得非常好。

原创品牌经营模式（OBM）。品牌是一张直达人心的特别通行证，拥有品牌就等于拥有了一条通往成功的康庄大道。品牌是专有名称、术语、象征、标识、故事、文化和一系列相关因子的设计组合。品牌原创是企业面向客户层面和大众层面，在理念、行为、视觉、听觉4个方面进行标准化和规范化建设，使品牌具备唯一性、特有性、价值性、长期性、认知性的过程总和。品牌是一笔巨大的资产，能给企业带来高度的溢价，是企业价值的重要组成部分。知名品牌的价值是非常高的，特别是百年老店的金字招牌和奢侈品的品牌，比如茅台、海底捞、王老吉、同仁堂、六必居、陈李济、张小泉、全聚德、狗不理等品牌。目前一些连锁餐饮企业，比如麦当劳、肯德基、德克士、永和大王，还有一些连锁酒店，比如喜来登、希尔顿、凯宾斯基，你加盟进去做得再好，也不是自己的品牌。

原创发明经营模式（OSM）。原创发明指的是企业所拥有的完整或部分自主知识产权的专利和技术。拥有原创发明的企业并不多，比如空调是由英国开利公司原创发明的，冰箱是由美国维纳特公司原创发明的，胶片是由美国柯达公司原创发明的，5G通信技术的部分核心科技是由华为公司原创发明的，高铁的部分核心科技是由中国中车原创发明的，盾构机的部分核心科技是由中铁装备原创发明的，超级挖泥船的部分核心科技是中国交建原创发明的……再比如卡拉OK、方便面、二维码、味精、电饭煲是由日本企业原创发明的，而电视、电话、蒸汽机是由英国企业原创发明的。

## 五、营销模式定位

营销模式对商业模式的影响非常大，营销模式不同，商业模式也会大不相同。营销模式主要有3种，分别是直营模式、分销模式、混合模式。

直营模式。直营模式也叫直销模式，就是去掉中间商，减少流通环节，将客户利益和营销效率最大化的一种营销模式。

分销模式。分销模式至少包含两个环节，第一是制造商销售给渠道商，第二是渠道商销售给顾客。

混合模式。简单地说，混合营销就是一个企业既有直营，也有分销，合在一起即为混合模式。

## 六、中小企业要学会和资本打交道

中小企业要尽快学会和资本打交道，企业除了可以在投资机构那里融到资金之外，还可以融到思想、商业模式和管理升级的机会，当然还可以在更大的生态系统中，获得难得的客户和人才等增值的资源。

和投资机构打交道主要有5个节点，第一个节点是种子轮融资，第二个节点是天使轮融资，第三个节点是A轮融资，第四个节点是B轮融资，第五个节点是C轮融资。当然企业有本事或者有需要的话，还有D轮、E

轮、F轮融资，甚至可以一直融下去。

种子轮融资。这个阶段的融资也叫概念融资，既没有公司，也没有产品，更没有团队，什么都没有，就只有一个概念。这个阶段的融资金额一般非常小，大概就是几十万元的数量级。

天使轮融资。很早期的公司，很多东西还不成熟，还停留在商业计划书上，没有实际运作起来，企业在这个时候所进行的融资就叫天使轮融资。投资机构之所以愿意投天使企业，主要有两个原因：一是投资机构的战略前瞻性，看中了项目；二是投资机构的职业敏感性，看中了创业者的背景。企业在天使轮融到的钱，一般不会太多，大概就是几十万元到几百万元的数量级。当然凡事都有例外，如果创业者是一个很厉害的人，那天使轮的估值肯定也会很高，会融到很多钱。比如瓜子二手车在天使轮就拿到了6000万美元的巨款，一是因为项目好，二是因为创始人杨浩涌以前在赶集网有过成功的经验，在行业中具有一定程度的影响力。

A轮融资。A轮融资是企业真正意义上的第一轮融资，当公司有了产品原型，各方面运行基本步入正轨，就可以进行A轮融资了。这个阶段的企业大多还处于烧钱状态，在研发、产品、市场上大量投入，营收为零或者很少，还不盈利。这个时候投资机构主要关注的是企业的使命愿景、市场前景，以及创业者的背景等。企业在这个阶段融到的钱，一般在几百万元到几亿元。

B轮融资。当企业产品相对成熟，处于快速成长期，就可以进行B轮融资了。这个阶段的企业大多处于盈亏平衡点上下，有比较清晰的盈利模式，投资机构最看中的是企业的商业模式、客户资源、核心团队、盈利能力等。企业在这个阶段融到的钱，一般在几亿元到几十亿元。

C轮融资。进行C轮融资的企业，代表企业的产品和市场已经完全成熟了，有了较高的行业地位，盈利能力已经很强了，处于快速扩张期。这个阶段的企业已经非常成熟，离上市不远了。企业在这个阶段融到的钱，一般在几亿元到几十亿元,甚至更多。

无限轮融资。一些超大型项目还需要持续烧钱,可以持续融资。比如像滴滴这样的公司,因为覆盖范围广、应用场景广泛、市场占有率高,所以它即使不盈利,也会有一堆的投资机构主动投钱给它。

## 七、中小企业要尽快踏上上市之路

中国证监会副主席阎庆民2020年11月28日在京参加"2020中国金融学会学术年会"时透露,目前,中国上市公司家数已达4100家,占全国企业总数的万分之一。这个数据意味着有99.98%的企业都还没有获得资本市场的支持,只能通过银行、投行或民间机构来获得资金。大多数企业在快速发展阶段往往是最需要资金的,没有充足的资金支持意味着企业很难获得巨大的发展机遇,所以中小企业要尽快踏上上市之路。

国内的主板是在1990年推出的,是一个以巨无霸企业或行业头部企业为主的股票交易市场,沪市和深市都有主板。截至2020年10月,沪市主板有1546家企业,深市主板有460家企业。

国内的中小板是在2004年推出的,是一个以中小企业为主的股票交易市场,只有深市才有。中小板公司相对于主板企业来说,没有那么高大上,但具有成长性,尽管上市的时候市值比较小,但通过快速扩张,也能占据很大的市场份额。截至2020年10月,深市的中小板上市公司已有996家。

国内的创业板是在2010年推出的,是以创业公司和高新科技公司为主的股票交易市场,只有深市才有。创业板在2012年年底开启了一轮浩浩荡荡的大牛市。截至2020年10月,深市的创业板上市公司有855家。

国内的科创板是在2019年3月推出的,是以尚未进入成熟期但具有成长潜力的创新型中小企业为主的股票交易市场。这是资本市场的又一次增量改革,是其他板块的有效补充和完善。截至2020年10月,沪市科创板的上市公司有 173 家。

还有一些国内企业是在海外的资本市场上市的，比如美国的三大交易所、日本的四大交易所、新加坡的新交所、英国的伦交所等。

国内的新三板并非真正意义上的股票市场，它于 2001 年推出，主要为非上市公司的股份的公开转让、融资、并购等业务提供服务。

为什么这么多的企业争先恐后地想上市呢？用最简单的话来说，有 4 个原因。第一是企业上市时可以圈到一大笔钱，可以更好地帮助企业实现它的梦想。第二是企业上市后，向市场再融资、并购时的配套募集资金，同时正常的债券融资、借款路径都会得到更好的保障。第三是帮助企业提升品牌知名度，促进业务的发展。第四是优化企业的治理结构，向规范化和科学化的方向发展。

## 八、成功的商业模式案例

2015 年，微信联合春晚，通过摇一摇活动发了 5 亿元现金红包。此前微信用户不到 800 万，登上春晚后，短短两天内就绑定个人银行卡 2 亿张，一跃成为网络支付排名第一的金融服务平台。

2016 年，支付宝不甘示弱，以 2.69 亿元的巨额合作费用联手春晚，通过咻一咻、集五福活动发了 8 亿元现金红包，抢回了网络支付的半边天。

2017 年，支付宝再度联合春晚，通过集五福活动发了 2 亿元现金红包。

2018 年，淘宝成为春晚互动合作伙伴，通过淘宝福袋红包雨活动发了 6 亿元现金红包，一举奠定了自己网购平台的龙头地位。据淘宝的实时互动数据显示，春晚开场仅 10 秒钟，1.5 万台手机就被抢购一空，开场 55 分钟后，参与抢红包和在淘宝购物的人数已达到 6000 万，收获了比 2017 年"双十一"活动高 15 倍的流量。

2019年,百度成为春晚互动合作伙伴,通过好运中国年、摇一摇活动,用人工智能(AI)发了9亿元现金红包,一时风光无两,在苹果商店免费榜单上的前6个产品中,有5个都是百度的产品。

2020年,快手成为春晚短视频合作伙伴,通过点赞中国年、"视频+点赞"活动发了10亿元现金红包,一夜之间创下了639亿次的天量互动纪录。

大家可能会问一个问题,这些企业为什么要这么做?豪掷几十亿元的合作费用,削尖了脑袋去抢这个机会,究竟要靠这个机会做什么呢?企业能得到什么好处?

要回答清楚这个问题,我们要先看看过去几年百度、阿里巴巴、腾讯(BAT)联合春晚,究竟收获了什么?

第一个收获是用户增长,即拉新,这是绝大多数互联网企业赖以生存的前提条件。根据第三方平台的相关数据显示,2018年淘宝红包在春晚当日的表现非常亮眼,实现了用户668.12%的复合增长。2019年百度红包的成绩也相当不俗,实现了用户525.69%的复合增长。第二个收获是品牌营销。很明显,春晚是一种能将企业品牌推广到全中国所有城市以及所有人心中的最为高效的一种方式。毕竟,春晚仍是中国万千家庭在除夕夜的必看娱乐节目。央视春晚的收视率基本维持在30%左右,对于当下这个人们的注意力被不断瓜分的时代,一个能够将14亿人的目光同时聚到一起的节目,少之又少,可以说这样的营销资源是颇为稀缺的。

有专家认为,快手豪掷40亿元与春晚合作,真正的收获有两个:一是拉新,即用户增长,在用户数量上超过竞争对手;二是营销,对品牌和业务进行全球性营销。快手更长远的流量转化和生态搭建才是最关键的事情,与春晚合作在很大程度上就是为了推动战略落地,加速其商业化进程。

根据快手的相关数据显示,春晚与观众互动639亿次,站外分享5.9

亿次，快手直播间累计观看次数7.8亿次，同时最高在线人数2524万人。

据快手内部相关的资料显示，快手的营收主要由3个部分构成，一是打赏分成，二是广告收入，三是电商收入。

快手靠直播起家，在直播界算是最早一批引入打赏机制的大型社交平台，打赏分成也成了快手最主要的营收来源。

快手的广告业务和电商业务才刚刚起步，要实现流量变现，从其他成熟的竞争对手那里分到一杯羹，估计还有一个非常漫长的烧钱的过程。

酩悦·轩尼诗—路易·威登集团的商业模式是什么？2019年12月，福布斯全球个人财富排行榜新鲜出炉，新首富易主，法国酩悦·轩尼诗—路易·威登的总裁贝尔纳·阿尔诺以1165亿美元的净值财富取代了在榜首待了很多年的亚马逊创始人贝索斯。

过去几十年，全球首富的位置始终都由互联网行业的大佬们牢牢占据着，这一次，世界首富成了奢侈品集团法国酩悦·轩尼诗—路易·威登的总裁贝尔纳·阿尔诺。人们惊叹，搞实业的终于打败搞互联网的了。

个人财富排行榜是财经专业人士通过对个人及家族、证交所、政府机构等多个渠道的相关数据汇总分析出来的。尤其是富豪所在企业的股价，按股权比例和股价折算成个人的身家净值，这是财富最主要的组成部分。仅仅在2020年一年的时间里，法国酩悦·轩尼诗—路易·威登的股价就上涨了60%。总裁贝尔纳·阿尔诺如何成为全球首富，等于在问另一个问题，那就是法国酩悦·轩尼诗—路易·威登的股价为何会上涨这么快、这么多？贝尔纳·阿尔诺的成功从相当意义上来说，就是法国酩悦·轩尼诗—路易·威登的成功；反过来讲，也是如此。

贝尔纳·阿尔诺的发家史，简单地说，就是一部精彩纷呈的品牌收购史。他的生意经被业界总结为八个字：逢低买进，复活品牌。1984年，贝尔纳·阿尔诺用家族企业的资产作为抵押，用极低的代价收购了比自己家族企业大很多倍的博萨克纺织品集团以及旗下的迪奥时装公司。1987年，贝尔纳·阿尔诺在法国酩悦·轩尼诗—路易·威登股价崩盘的时候果断抄底，很轻松地获得了法国酩悦·轩尼诗—路易·威登的实际控制权。1999年，贝尔纳·阿尔诺收购了最大的竞争对手意大利古驰公司34%的股份，成为古驰最大的个人股东，并拥有了实际控制权。2003年，贝尔纳·阿尔诺收购了著名的萨玛利坦（La Samaritaine）精品百货公司，从奢侈品制造业向前延伸，成功进入了顶级奢侈品零售业。此后几十年，贝尔纳·阿尔诺用各种各样的商业收购手法，不断将世界各地的知名品牌纳入自己的奢侈品帝国中。可以说，贝尔纳·阿尔诺在高端品牌的商业认知上独具慧眼，不仅收购得相当成功，在实际运营上更是大放异彩，无人能及。目前法国酩悦·轩尼诗–路易·威登集团拥有路易·威登、迪奥、芬迪、纪梵希、宝格丽、轩尼诗、罗威、高田贤三等70多个知名品牌，这些品牌无一不是收购来的，涉足时装、皮具、箱包、葡萄酒、烈酒、化妆品、香水、珠宝、酒店、腕表等几十个领域。酩悦·轩尼诗—路易·威登的这些品牌没有一个是贝尔纳·阿尔诺创造的，但是他比任何人都知道它们在全世界范围内的潜在价值，并且很擅长将它们的价值最大化。贝尔纳·阿尔诺有一个绰号，叫作"能令品牌复活的魔术师"。据德勤的研究资料显示，2019年全球排名前100位的奢侈品品牌的整体销售额，酩悦·轩尼诗—路易·威登集团瓜分了20%左右。这是多么了不起的成就啊！

水滴筹的商业模式是什么？水滴筹也叫水滴爱心筹，是一个为经济困难的大病患者免费筹款的社交平台。截至2019年12月，水滴平台（水滴筹、水滴互助、水滴保）的用户数量超过6亿人，累计筹款超过160亿元，服务了100多万名经济困难的大病患者和家庭。水滴平台既是一个为大病患者提供免费筹款的社交平台，同时也是全社会爱心人士最为便捷的一个"指尖上的公益平台"，当然也是一个具有很大想象空间的商业平台。

- 2016年5月，水滴筹完成5000万元的天使轮股权融资。
- 2016年6月，水滴爱心筹上线。

- 2017年8月，水滴筹完成1.6亿元的A轮股权融资，本轮投资由腾讯、蓝驰创投联合领投，创新工场、高榕资本、IDG资本、美团点评、彤程公益基金会等机构和投资人跟投。
- 2018年5月，水滴公益获批成为民政部指定的第二批慈善组织互联网募捐信息平台。
- 2018年10月，水滴筹发布自律倡议书和自律公约，共同加强平台自律管理，提升风险防范水平。
- 2018年12月，水滴筹在重庆挂牌成立救助站。
- 2019年3月，水滴筹完成近5亿元的B轮股权融资，本轮投资由腾讯领投，高榕资本、IDG资本、蓝驰创投、创新工场等机构和投资人跟投。
- 2019年5月，水滴筹创始人强调资料审核和风控管理。

水滴公司经过多年的探索，逐步形成了"众筹+互助+商保"三位一体的商业闭环。这个商业模式具有严密的商业逻辑，水滴筹是一个引流平台，通过公益旗号，获得了海量的用户和捐款，水滴互助和水滴保是两个能够独立盈利的项目。截至2020年12月，水滴平台的总用户超过6亿人，全平台独立付费用户超过2.5亿人。

水滴公司在水滴筹项目上本可以获得一定比例的管理费和手续费，但水滴公司目前在该项目上没有收取任何费用，并把水滴筹定位为公益性质的免费项目。

截至2018年10月的数据显示，水滴互助保障用户超过4500万人，总计为1400余名患病家属提供了近1.8亿元的健康互助基金。在该项目上，水滴公司获得了一定比例的管理费和手续费。

水滴公司在水滴保项目上一次性推出了将近50款保险产品，在该项目上获得了非常高额的回报。

今日头条的商业模式是什么？

30年前，大家了解国家大事和世界大事的主要途径是什么？主要靠电视、广播、报纸。

20年前，大家了解国家大事和世界大事的主要途径是什么？主要靠电视、广播、报纸、网络。

10年前，大家了解国家大事和世界大事的主要途径是什么？主要靠电视、报纸、门户网站、微博。

今天，大家了解国家大事和世界大事的主要途径是什么？主要靠电视、报纸、新闻推送平台、社交平台、自媒体。

接下来和大家一起来了解下国内最热门的一个泛资讯推送平台——今日头条，了解它为什么能成功，它的商业模式是什么。

今日头条于2012年8月上线，2012年只有一个栏目；2014年，头条号诞生；2016年，短视频上线；2017年，问答栏目诞生、微头条诞生；2019年，正式推出搜索。今日头条的边界还在不断拓宽，头条号被认为对标微信公众号，问答栏目和微头条则被认为对标微博，搜索则对标百度。

截至2019年7月，平均每天登录今日头条的活跃用户数量超过1.64亿，是一个月活接近3亿的超级App。在今日头条2019年11月的年度生机大会上，新任CEO朱文佳没有透露营收数据，但发布了今日头条的战略目标：准备在日活6亿的泛资讯赛道上，扶持10000位月薪过万元的作者，大踏步前进。

今日头条的成功在于完全颠覆了传统资讯分发模式的简单推荐法。今日头条有着自己非常清晰的产品逻辑，那就是"一横一竖"，一横指的是尽可能丰富的内容题材，一竖指的是尽可能多的分发方式。按照这个逻辑，今日头条势必需要大量的内容支撑，因为分发可以依靠人工智能技术，而内容和技术无关，需要一个个创作者的逐年积累。

据今日头条的官方数据显示，2020年，今日头条图文发布量同比增长

44%，视频发布量同比增长 39%，直播发布量同比增长 396%，共有 134 万名创作者累计产出 339 万篇阅读播放量达 10 万+的内容，篇数同比增长 101%。

对于创作者来说，商业变现是一个非常现实的问题，今日头条目前有现金激励、流量分成、内容付费、直播打赏等几种方法，但和快手、抖音的变现方式相比，还有很大的差距。

今日头条的产品战略很成功，从泛资讯的角度切入市场，获得超高流量的日活也很成功。如何把流量变现，今日头条有了一些初步的端倪，主要借鉴微信、微博、快手、抖音、百度的业务模式，比如广告、打赏分成、带货、知识付费，今日头条也有一些大胆的尝试，但还处于尝试阶段，尚未完全商业化。从商业模式的角度来看，今日头条的商业模式还不是太明确，目前还处于大量烧钱的阶段，但清晰的产品战略、品牌战略、月活接近 3 亿超级流量等商业因素都为未来良好的商业模式的建立打下了良好的基础。

## 九、几种有缺陷的商业模式

电商是零售业永远无法绕开的一个坎。据国家统计局发布的资料显示，2019 年全国社会消费品零售总额达到 41.2 万亿元人民币，电商零售总额首次突破 10 万亿元大关，占比接近 25%。这个数据说明什么呢？说明没有向电商靠拢的零售业，或者说电商业务做得不太好的零售业，特别是以快消品为主的零售业，仅靠线下业绩，几乎是活不下来的，假以时日，被冲击和蚕食的线下份额会越来越大，这是一个势不可当的大趋势。

对大多数零售企业来说，电商是永远无法绕开的一个坎儿，没有电商这个商业因素的加持，在商业模式上是有严重缺陷的。这个缺陷表现在门店租金成本高、人工成本高、商圈半径小等关键因素上，没有成本优势，如戴着镣铐跳舞，明显会拖累业绩成长。

近几年，有两个词语的使用频度非常高，一个是中国智造，另一个是中国创造。

从狭义的角度来讲，中国智造和中国创造代表了进步，在中国制造的基础上多了研发、智慧、科技的内容。

没有技术含量的企业，主要指两种企业：一是传统低附加值的制造业企业。很多传统低附加值企业在研发上的投入严重不足，有意识方面的问题，也有成本方面的问题。研发上的捉襟见肘，导致很多企业只能采取简单跟随和模仿抄袭的策略，看似聪明，实际上这种糟糕做法所带来的恶果就是企业越来越缺乏技术。没有技术含量的企业在市场上只会被无情揉搓，时间一长，就会进入低技术、低品质、低价格的恶性循环中，最后一路输到底，很难再翻身。二是为他人做嫁衣的代工企业。特别是为一些国际品牌代工的企业，看似风光无限，实际上产品和技术都是别人的，除了制造环节的技术有所积累之外，其他环节的技术几乎都是空白的。

为大牌企业代工可不可以？当然可以。但从中长期战略规划的角度来看，有很大的局限性。当然，如果只选择代工，也无可厚非，选择代工就意味着只能做他人的产品，不能做自己的产品。一个离技术和市场越来越远的企业，长期处于产业链下游的企业，并没有太大的前途和空间。

代工企业在商业模式上的缺陷主要有两点：第一，没有自己的产品，一系列连锁反应的结果就是自身没有研发、没有技术、没有专利，失去了价值链的前端。第二，没有自己的客户，一系列连锁反应的结果就是自身没有品牌、没有市场、没有营销，失去了价值链的后端。价值链前后端都被斩断的企业，等于手和脚都被斩断，完全受制于人。这种企业几乎是没有任何博弈力量的，很容易被更具成本优势的其他企业所取代。一些有梦想的代工企业在完成原始积累之后，想做自己的产品，就会在产业链上进行延伸。这种做法一旦得不到上游企业的谅解和支持，上游企业立刻就会翻脸不认人，马上就会抛弃之。这使得任何一个有雄心壮志的代工企业，都会长期处于顾虑重重、瞻前顾后的状态中，这种状态是非常不健康的。

近几年，由于国内人口红利的减少以及供应链成本的不断攀升，全球制造中心正在加速转移，国内一大批代工企业被其他成本更低的外国企业取代。

回过头来再次确认一个问题，什么是技术？技术就是创新研发和知识产权，这是第四产业的核心内容，如果缺少技术含量的部分中国制造企业还不警醒的话，迟早会被市场淘汰。

共享经济还能继续前进吗？共享的本质是弱化所有权，强调使用权，让一部分闲散资源得到更大化使用。"共享经济"这个词语在创投公司的重磅炒作之下，曾经红遍大江南北，除了共享单车之外，还有共享充电宝、共享雨伞、共享汽车、共享篮球等项目。

共享经济这个词语本身无可厚非，但并不代表每个项目都可共享，也不代表每个共享项目都可以成功，因为共享这个商业因素对绝大多数项目来说，其实一点也不重要。

共享雨伞、共享汽车、共享篮球等项目一直处于风雨飘摇中，原因何在呢？笔者认为关键原因并不在于这些项目是不是共享，而是这些项目是不是市场刚需，因为大部分顾客不会为共享买单，只会为刚需买单。所以上述项目并不会让顾客心甘情愿交一笔押金，而没有足够的资金，很多事情做起来就会寸步难行。要知道上述共享项目，商家要在一线、二线城市的核心商圈完成铺货，在先期投入上那可是一个天文数字。这种重资产投入低价值回报的业务本身就是违背投资规律的。同时上述共享项目还有各自的一些缺陷，比如雨伞的损耗比例非常高，维护成本也很高；共享汽车还需要充电桩和若干法律法规的配合；篮球还需要场地来配合；等等。所以从商业模式的基本逻辑来看，上述项目即使套上共享的外衣，也是完全不成熟的，投资人的钱被烧完之后，偃旗息鼓成为必然。

笔者认为共享经济在理论上可以继续前进，但在项目实操上却很难，在相当长的时间里共享经济都只是一个伪命题。

大家可能会说，共享充电宝不是成功了吗？笔者认为这种成功只是一种假象，其实这并不是共享的成功，而是充电宝的成功。充电宝共享还是不共享，都会成功。为什么呢？因为手机电池续航力不足，一个晚上的充电量完全满足不了第二天的用电量，所以充电宝在战略上完成了补位，和共享不共享没什么关系。当手机电池的能量密度或者是无线充电技术的问题解决之后，共享充电宝这个项目立刻就会烟消云散，甚至连充电宝这种物品都会消失。

打赏模式能一直持续下去吗？与欧美国家的消费习惯不同，国内当面给服务人员小费的习惯一直不太盛行，笔者认为这无可厚非。

但是在互联网平台上，打赏模式却欣欣向荣，甚至有些疯狂，令欧美国家望尘莫及。打赏模式有点类似于现实生活中的小费模式，但也不完全相同，目前国内很多互联网平台都建立了自己的打赏模式。

社交类平台：抖音、快手、微博、微信、脉脉、天涯、人人、知乎等，建立了自己的打赏模式。

阅读类平台：书旗小说、扣扣阅读、暴走漫画、豆瓣、犀牛故事、简书、网易新闻、今日头条等，建立了自己的打赏模式。

制作类平台：易企秀、91速课、表情包制作等，建立了自己的打赏模式。

娱乐类平台：全民K歌、美拍、映客直播、花椒等，建立了自己的打赏模式。

影音类平台：优酷、土豆、喜马拉雅听书、蜻蜓FM、熊猫、斗鱼等，建立了自己的打赏模式。

上述各平台的打赏模式有很多细小的区别，有一些互联网平台没有参与打赏分成，打赏金额全部归作者或主播；有一些互联网平台的主要营收就来自打赏模式，所以平台要与作者或主播分成。有一些互联网平台对打赏金额不设置任何限制，给多给少都可以；有一些互联网平台对打赏金额设置了最低和最高的控制线。有一些互联网平台对作者和主播的资质有要求，有一些互联网平台则没有任何要求。有一些互联网平台的打赏方式是直接的，现金打赏；有一些互联网平台的打赏方式是间接的，用"花朵""游艇"等礼物来替代，实际上这些虚拟礼物也是需要现金购买的。

国内第一家实施打赏模式的自媒体平台是新浪微博。2014年6月，新浪微博开放自媒体用户公测，在微博自媒体用户的文章结尾，增加了一个打赏按钮，这个打赏按钮直接连接到了银行卡、支付宝、微信，无论是电脑浏览，还是手机浏览，都可以非常方便地进行打赏支付。但新浪微博对打赏功能进行了一定程度的限定，就是自媒体人必须经过大V认证、粉丝数大于500万、月均阅读量大于300万，才能拥有打赏功能。据新浪微博的相关数据显示，从2014年6月至2015年6月，仅开通一年，通过微博，自媒体作者的收入就达到了5000万元。

国内第一家实施打赏模式的全直播平台是花椒直播，花椒汇聚了众多超高颜值的帅哥美女、热门网红、校花校草，通过直播展现生活趣闻、明星热点等内容。花椒直播坚持造星战略，对优质网红进行系统化培养，不惜重金联合产业链上下游的优质资源，孵化和打造各专业领域的明星主播，是直播圈做得比较好的企业之一。仅2017年，用户对明星主播的打赏费用就超过了50亿元。

据快手的财务数据显示，2019年快手的总体营收约为450亿元，其中直播打赏的营收约为300亿元。据抖音的财务数据显示，2019年抖音的总体营收约为500亿元，其中直播打赏的营收约为200亿元。

打赏模式能一直持续下去吗？笔者认为短期可以，甚至还会缓慢达到一个峰值，但从中长期的角度来看，这种商业模式是不可持续的。

分享经济的局限性非常大。什么是分享经济？分享经济就是顾客买了东西以后，觉得这个东西不错，把相关资讯分享出去。分享给商家带来了额外的业绩，商家给予分享者一定程度的奖励，这种新经济业态就是分享经济。

部分专家认为分享经济是当前社会发展的一个趋势。简单地说，分享经济就是把你的资源分享给他人从而获得经济收益的过程，谁抓住了分享经济的趋势，即风口，谁就抓住了赢得财富的机会。

那么分享经济是如何创造财富的呢？假若你是一个微博大V，或者你在抖音、快手上有几十万甚至上百万粉丝，恭喜你，因为流量很大，你具备了创造分享经济的第一个基本条件。如果你还愿意把平时使用的口红、面膜、化妆品、服饰、文具，甚至是吃一碗重庆小面的独特感受写成文章、拍成短视频或者在线直播，在粉丝圈里分享，因为产品明确，表达个性化、场景化，恭喜你，你具备了创造分享经济的第二个基本条件。如果你还能和口红、面膜、化妆品、重庆小面等商家达成佣金提成的合作协议，恭喜你，因为有利可图，你具备了创造分享经济的第三个基本条件。如果一个月下来，你写了8篇美食文章、拍了10段面膜视频或者做了30场口红在线直播，赢得满堂彩，粉丝们竞相购买，恭喜你，因为变现成功，你具备了创造分享经济的第四个基本条件。

这4个条件加在一起，就是分享经济，缺一不可。分享经济的雏形是微商、博主、店主，也可以是带货的网红；分享经济再往前走一步有可能是若干个微商、店主、博主、网红聚合形成的一个超大型的营销平台或是直销平台，但现实还没有一家成熟的典范。未来这个风口能不能让一些人真正飞起来，还很难说，笔者认为基于分享经济的商业模式，由于自身没有创造价值，所以局限性非常大。

大多数烧钱的平台都会被烧死。有人问为什么拼多多、美团、饿了么等很多互联网平台公司一直处于亏损的状态却还没有倒闭？为什么一直处于亏损状态的很多公司的市值还那么高？

最主要的原因在于这些互联网平台公司一点也不缺钱。大部分公司在上市的时候都获得了巨额融资，动不动就是几十亿元，甚至几百亿元，这些公司的现金流很好，这些钱可以维持公司运营很久。

像饿了么这些没上市的公司，也通过一轮又一轮的股权融资，实现了自己充足的现金流。比如饿了么背靠阿里巴巴这座大山，虽然持续亏损，但阿里巴巴有足够的资金支持它生存下去。2017年4月，阿里第一次对饿了么投资8.64亿美元，2018年5月又花了55亿美元将饿了么的全部股权纳入旗下。

为什么这些公司还能继续获得投资者的青睐呢？为什么这些公司还有很高的市值呢？原因在于这些公司的"互联网+"故事讲得非常精彩，而且投资人也相信这些故事是真的。

但是，钱总有烧完的时候，"互联网+"故事也总有讲不下去的时候，因为商业逻辑会说话。

如果这些企业还不改变自己的基因，积极调整商业模式，大力发挥边际效应和引流效应，最终的结果，只会被投资人无情抛弃。

美团是从模仿美国公司高朋开始的，从团购业务切入餐饮市场。当初的商业模式根本不是现在的这种商业模式，美团在团购业务失败之后，反应敏捷，迅速从团购商业模式调整为骑手商业模式。这种商业模式对美团来说，依然还有两个致命的天花板：一是"日活跃用户数量"的天花板，二是"抽佣比例"的天花板，目前这两个天花板都已经形成，很难再有大的突破。据美团2019年的相关数据显示，外卖、到店、酒旅、单车等"日活数量"接近0.7亿。专家预测随着流量红利的消失殆尽，未来衣、食、住、行这个市场的增长都将是个位数，甚至是零增长或负增长。一个新兴市场不能保持高增长态势，对大多数正在烧钱的互联网企业来说，都是非常致命的。美团的"抽佣比例"已从当初的12%涨到了现在的22%左右，已经让一些合作伙伴负担不起。

## 第五张战略画布——战略目标

**第五张战略画布——战略目标**

| | | 短期 | 中期 | 长期 | | | 短期 | 中期 | 长期 |
|---|---|---|---|---|---|---|---|---|---|
| 财务性战略目标 | 1 | | | | 排名性战略目标 | 1 | | | |
| | 2 | | | | | 2 | | | |
| | 3 | | | | | 3 | | | |
| | 4 | | | | | 4 | | | |
| | 5 | | | | | 5 | | | |

| | | 短期 | 中期 | 长期 | | | 短期 | 中期 | 长期 |
|---|---|---|---|---|---|---|---|---|---|
| 经营性战略目标 | 1 | | | | 管理性战略目标 | 1 | | | |
| | 2 | | | | | 2 | | | |
| | 3 | | | | | 3 | | | |
| | 4 | | | | | 4 | | | |
| | 5 | | | | | 5 | | | |

涂鸦"战略目标"画布的意义主要有两点：一是将纷繁复杂的文字化战略尽可能数字化，用清晰明确的战略目标表达出来；二是将各种战略目标进行分层分类，在有效排序的基础上抓大放小，将数字化的战略目标作为战略规划的代言人。

### 一、财务性战略目标

财务性战略目标是企业最重要的目标之一。财务目标是一个企业的起点，也是检验经营质量和经营成果的终点，非常重要，不可或缺。有些成熟的行业对财务目标的成长性要求不是很高，能达到20%～30%的增速就可以了；有些快速成长的行业则对财务目标的成长性要求比较高，起码要达到50%～80%的增速才不会掉队。而有些爆炸性的新兴行业，处于抢地盘的快速成长期，企业则必须要追求几何级数的增长，要达到200%～500%的增速才行，否则很快就会被淘汰出局。在财务性战略目标的制定上，胆子要大一点，数字要高一点，要让目标具有挑战性，但是在具体执行的过程中，一定要胆大心细、小心翼翼，不能有半点含糊的地方。

从相对传统的财务视角来看，我们可以把财务性战略目标划分为6个维度，这6个维度分别是财务产出性维度、财务收益性维度、财务成长性维度、财务流动性维度、财务结构性维度、财务安全性维度。

财务产出性维度在一定程度上反映了企业的规模经济，主要包括营收指标、利润指标、现金流、人均产值、人均利润等。

财务收益性维度在一定程度上反映了企业的获利能力，主要包括经济增加值（EVA）、投资回报率（ROI）、净资产回报率（ROE）等。

财务成长性维度在一定程度反映了企业的发展能力，主要包括营收指标、利润指标、营收增长率、利润增长率、固定资产增长率等。

财务流动性维度在一定程度反映了企业的运转效率，主要包括总资产周转率、固定资产周转率、资金周转率、存货周转率等。

财务结构性维度在一定程度上反映了企业的经营质量，主要包括资产结构、资金结构、营收结构、利润结构、费用结构等。

财务安全性维度在一定程度上反映了企业的偿债能力，主要包括流动比率、速动比率、资产负债率、呆坏账比率等。

## 二、排名性战略目标

排名性指标虽然是一个相对值，但排名性指标对企业来说，也是很重要的。排名性指标给企业提供了一个上上下下、左左右右、前前后后的坐标体系。在这个纷繁复杂的坐标体系中，会看到企业的真实位置，少则几种参数，多则几十种、几百种参数。一般我们会把排在比较靠前的企业叫作头部企业。大多数头部企业都是非常优秀的，因为它们不仅要实现自己预定的各种目标，还要把竞争对手的目标也要当作自己的目标。

在全世界，按照一定的标准对企业进行排名，知名度、可信度和认可度都比较高的排行榜主要有福布斯富豪排行榜、公司市值排行榜、最具价值品牌排行榜、企业竞争力排行榜、销量排行榜、最佳雇主排行榜等。能够在榜单上占据一席之地并长期名列前茅的企业都是卓越的企业。

福布斯富豪排行榜。由《福布斯》杂志所推出的福布斯富豪榜，影响力居三大富豪排行榜（福布斯富豪排行榜、胡润富豪榜、彭博全球亿万富豪榜）之首。福布斯从1982年开始推出全球及区域性的富豪排行榜，至今已有39年的历史了。2020年全球富豪榜的前十名分别是亚马逊的贝索斯、微软的比尔·盖茨、酩悦·轩尼诗—路易·威登的伯纳德·阿尔诺、伯克希尔·哈撒韦的沃伦·巴菲特、脸书的马克·扎克伯格、飒拉（ZARA）的阿曼西奥·奥特加、谷歌的拉里·佩奇、微软的史蒂夫·鲍尔默、甲骨文的拉里·埃里森、墨西哥电信的卡洛斯·斯利姆·埃卢。中国富豪榜的前十名分别是农夫山泉的钟睒睒、腾讯的马化腾、阿里巴巴的马云、恒瑞医药的孙飘扬、长江实业的李嘉诚、恒大集团的许家印、碧桂园的杨惠妍、美的集团的何享健、顺丰集团的王卫、恒基兆业的李兆基。

公司市值排行榜。知名的咨询公司普华永道每年都会根据上市公司的股票市值进行排名。截至2020年11月底，排在前十名的最高市值公司是沙特阿美（16020亿美元）、微软（12000亿美元）、苹果（11130亿美元）、亚马逊（9710亿美元）、谷歌（7990亿美元）、阿里巴巴（5220亿美元）、脸书（4750亿美元）、腾讯（4690亿美元）、伯克希尔·哈撒韦（4430亿美元）、强生（3460亿美元）。

最具价值品牌排行榜。英国知名的市场研究机构"品牌经济"（Brand Finance）每年都会发布全球最有价值品牌价值排行榜。2020年排名前十的价值品牌是亚马逊（2207亿美元）、谷歌（1597亿美元）、苹果（1405亿美元）、微软（1170亿美元）、三星（944亿美元）、中国工商银行（807亿美元）、脸书（798亿美元）、沃尔玛（775亿美元）、平安集团（690亿美元）、华为技术（650亿美元）。"品牌经济"也会发布行业的或国家的品牌排行榜。

企业竞争力排行榜。很多专业机构会定期发布竞争力排行榜，除综合性的竞争力排行榜之外，还有一些行业排行榜，比如常见的有银行业竞争力排行榜、保险行业竞争力排行榜、地产行业竞争力排行榜、汽车行业竞争力排行榜、手机行业竞争力排行榜、软件行业竞争力排行榜、白酒行业排行榜等。2019年上海财经大学对中国500强企业发布了竞争力排行榜，排在前十位的企业分别是平安集团、中国工商银行、中国建设银行、中国农业银行、腾讯集团、中国银行、碧桂园、恒大集团、华为、阿里巴巴。

销量排名榜。很多行业研究机构会定期发布销量排行榜，比如手机销量排行榜、汽车销量排行榜等。2020年国内汽车销量排行榜前十位的企业是一汽大众、上汽大众、上汽通用、吉利汽车、东风日产、长安汽车、长城汽车、东风本田、通用五菱、广汽本田。2020年全球手机出货量排行榜前五位的企业是三星、华为、小米、苹果、vivo。

全球最佳雇主排行榜。近几年由《福布斯》杂志与专业的市场研究机构Statista合作发布的最佳雇主排行榜，是可信度最高的一个全球最佳雇主排行榜。2020年两家机构合作调研了58个国家和地区的16万名全职及兼职员工，受访者就形象、经济影响、人才开发、性别平等、社会责任等指标为自己的雇主打分，最终有750家大型跨国集团上榜，各集团总部所在地分布45个国家和地区。2020年三星位居榜首，成为大家心目中的最佳雇主，亚马逊、IBM、微软、LG、苹果分别排名第二至第六名。备受国人关注的华为公司排名第十四名，成为中国最佳雇主，阿里巴巴排名第五十名,京东、奇虎360、腾讯的排名分别为第一百五十八名、第一百七十一名、第二百四十七名。

## 三、经营性战略目标

经营性战略目标主要指企业经营活动中的一些过程性目标。经营性目标是财务性目标的前置性目标,是财务性目标得以实现的重要保障。

比较常见的经营性战略目标主要有融资目标、上市目标、资产指标、市值指标、客户满意度、市场占有率等。当然,这些战略目标都是企业根据自身实际情况所设定的。

融资目标。企业什么时候进行A轮、B轮、C轮、D轮、E轮融资?融多少钱?拿这个钱做什么?

上市目标。企业什么时候上市?在哪里上市?

资产指标。企业什么时候完成写字楼、工业园、生产设备等重大资产的配置?资产总额要达到多少?

市值指标。企业如何提升公司市值?市盈率要达到多少?市值目标要达到多少?

客户满意度。企业如何提升客户满意度?客户满意度要达到多少?

市场占有率。企业如何提升公司的市场占有率?市场占有率要达到多少?

## 四、管理性战略目标

管理性战略目标主要指企业管理活动中的一些过程性目标。管理性目标是财务性目标的前置性目标,是财务性目标得以实现的重要保障。

比较常见的管理性战略目标主要有社会责任目标、组织建设目标、人力资源目标、创新目标、股改目标、员工满意度、生产力指标等。

社会责任目标。企业要承担哪些社会责任?比如安全生产、提升质量、保护环境、节约资源、促进就业、投身公益、关爱社会等。

组织建设目标。企业有哪些组织建设的目标？比如组织变革、权责规范、流程优化和再造等。

人力资源目标。根据战略需求，企业需要多少人？如何完成人力资源的招聘工作和配置工作？什么时候完成？

创新目标。企业有哪些创新目标？创新所带来的价值是什么？

股改目标。企业什么时候完成股改？股改对象包括哪些人？

员工满意度。企业如何提升员工满意度？员工满意度要达到多少？

生产力指标。企业如何提升生产力指标？比如人均产值、人均利润、投入产出比、人均效能等。

# 第二章
## 业务战略的七张画布

# 第六张战略画布——价值定位

| 第六张战略画布——价值定位 | | | | | |
|---|---|---|---|---|---|
| 价值视角/价值维度 | | 使用价值 | 延伸价值 | 品牌价值 | 其他价值 |
| 企业角度 | 特点 | | | | |
| | 优点 | | | | |
| | 亮点 | | | | |
| | 卖点 | | | | |
| 客户角度 | 痒点 | | | | |
| | 痛点 | | | | |
| | 爆点 | | | | |
| | 买点 | | | | |

涂鸦"价值定位"画布的意义主要有三点：一是站在企业自身的角度对既定业务的价值进行精准定位，找到这项业务的一个或多个卖点；二是站在客户的角度对既定业务的价值进行精准定位，找到顾客购买这项业务的一个或多个买点；三是将企业的卖点和顾客的买点进行深入研究，找到合二为一的表达方式。

## 一、定位使用价值

使用价值指的是一个业务（产品加服务）最核心、最关键的一种或多种价值的总和，也叫真实价值、内在价值、灵魂价值。它是一个业务的本质所在，是这个业务真正的内在核心所在。一个业务，一旦迷失了它的使用价值，就很难打动消费者的心。使用价值有两种，第一种是行业通用的价值，谁都可以使用；第二种是企业专属的价值，是企业自己挖掘出来的，具有一定程度的自主知识产权。

电视机的使用价值是什么？看节目。

药品的使用价值是什么？防病、治病。

手表的使用价值是什么？有两个，一是计时，二是装饰。

服装的使用价值是什么？有两个，一是避寒遮丑，二是装饰。

食物的使用价值是什么？有两个，一是补充营养，二是补充能量。

手机的使用价值是什么？有三个，一是通信，二是智能办公，三是拍照。

邮票的使用价值是什么？最初的使用价值是邮资，现在更多的使用价值是收藏。

房子的使用价值是什么？最初的使用价值是家，后来的使用价值是暴利商品，现在更多的使用价值是固定资产。

轿车的使用价值是什么？当然是代步出行。这是一个通用的使用价值，如何从汽车行业的通用使用价值中挖掘出亮点，把这个亮点转化为痒点、痛点、爆点、买点呢？这需要企业的智慧。我们来看下面这些成功的例子。

沃尔沃的亮点是什么？安全。

法拉利的亮点是什么？速度。

奔驰的亮点是什么？豪华。

宝马的亮点是什么？操控。

奥迪的亮点是什么？科技。

特斯拉的亮点是什么？能移动出行的互联网平台。

洗发水的使用价值是什么？洗头发（通用使用价值）。海飞丝的亮点是什么？去头屑。飘柔的亮点是什么？柔顺。

"钻石恒久远，一颗永流传！"这是戴尔比斯（Debeers）的经典广告词,这句广告词把钻石的使用价值凸显出来了——钻石就是永恒。

"怕上火喝王老吉!"这也是大家非常熟悉的一句经典广告词,这句广告词的出现,开启了一个极其辉煌的时代,这个时代叫中国凉茶时代。这句广告词之所以传播得这么广泛、这么久远,最关键的原因在于它深刻地展现了王老吉凉茶的使用价值。"不上火"这三个字就是凉茶使用价值的灵魂所在,恐怕没有其他任何文字能比这三个字更恰当了。

"困了,累了,喝红牛!"这个广告词和王老吉的逻辑几乎一模一样,把红牛饮料的使用价值定位为"防困、防累"。

"今年过节不收礼,收礼只收脑白金!"这也是大家非常熟悉的一句广告词,这个广告词把脑白金的使用价值定位为"过节礼品"。

"没有中间商赚差价!"这是瓜子二手车网非常精彩的一句广告词,这句朗朗上口的广告词,商业味道浓厚,让瓜子二手车网这个从零起步的后起之秀,迅速成为二手车行业的头部企业。这句广告词实际上并没有太多实际的内容,最多就是给大家介绍了一种与传统4S店完全不同的二手车交易模式——C2C,删掉了中间环节,让买方和卖方直接进行交易。正是这种没有中间商的全新的在线交易模式,给消费者塑造了一种更经济实惠的亮点。当这个亮点"没有中间商赚差价"通过铺天盖地的广告,植入消费者的大脑后,使得瓜子二手车网的成交量一直在行业中处于遥遥领先的地位。

## 二、定位延伸价值

延伸价值是一个业务(产品加服务)的外在形式价值,大多数延伸价值并不具备真正的使用功能,即使具有少部分的使用功能,也是边缘性的、附加性的,与该项业务真正的使用价值没有太大的关系。

比如给汽车上车牌,车牌的使用价值是什么呢?给这台车提供一个可追溯的地区标识和数字号码。延伸价值是什么?吉祥靓号。上海一块

"××·88888"的车牌,因为是靓号竟然拍出了600多万元的价格。浙江一块"××·88888"的车牌,因为是靓号竟然拍出了580多万元的价格。江苏一块"××·66666"的车牌,因为是靓号竟然拍出了100多万元的价格。

比如办理一张手机卡,手机卡的使用价值是什么呢?给用户提供一个手机号码。延伸价值是什么?吉祥靓号。北京一个带8个8的手机号码,因为靓号竟然拍出了80多万元的价格。上海一个带8个6的手机号码,因为靓号竟然拍出了30多万元的价格。

除了吉祥号码有价值之外,好看的颜色也有价值。曾几何时,苹果手机土豪金的颜色,比其他颜色的手机贵出好几百元。马自达轿车的红色比其他颜色的同款车要贵好几千元。保时捷卡宴的深蓝色比其他颜色的同款车要贵好几万元。

另一个最常见的延伸价值是什么呢?就是好看。很多迈凯伦车主对外观的重视远远胜于对性能的重视。迈凯伦作为全球超跑领域最热门的品牌之一,自回归公路车市场之后就表现不俗,一直保持着惊人的销售增长率。原因是什么呢?因为迈凯伦公司几乎所有的车型都融合了极致的美学设计,把工业品做成了艺术品。比较经典的一款车型720S,外观上最大的亮点就是车身侧面取消了散热孔,把进气口隐藏在车门板之下,消除了前轮拱处的湍流,同时车前身水珠状的大灯也完全符合空气动力学,加上整个车身由火山红与莱罗红两种颜色完美融合而成,可以说颜值超高,是一眼看到了就很难再把眼球移开的一件艺术品。迈凯伦公司的首席执行官迈克·弗莱维特认为,在中国市场,很多车主对汽车外观的重视程度已经远远超过了性能,因为在他们的眼中,颜值仿佛就是一切,而公司的产品也做到了高颜值。

思念金牌虾水饺一经面市就迅速获得了广大消费者的喜爱,目前市场占有率遥遥领先。不仅是因为其口味好,更是因为其背后看得见摸得着的一只虾的用料而被大家所认可。馅料是否真的做到了真材实料，一直是水饺市场的主要痛点。如何让大家知道你的真材实料，破除这个痛点呢？"一只水饺一只虾"的价值定位就应运而生了，这是非常典型的基于水饺的物理结构所进行的定位。思念金牌虾水饺的馅料本身就是由一只完整的虾构成的，只不过价值定位把这个特点挖掘出来了而已。

与之相类似的还有云南嘉华鲜花饼的形式价值定位"三朵玫瑰一个饼"、金龙鱼调和油的形式价值定位"1∶1∶1"。

## 三、定位品牌价值

企业品牌有多个层面，一是公司品牌，二是某个具体业务的业务品牌或产品品牌。比如，华为是华为公司的品牌，手机业务有华为、MATE、NOVA、NOTE等品牌，还有合作伙伴的保时捷、莱卡等品牌，芯片业务有麒麟、鲲鹏、巴龙、昇腾等品牌，操作系统有鸿蒙等品牌。再比如，肯德基是餐厅品牌，主食有香辣鸡腿堡、劲脆鸡腿堡、新奥尔良烤鸡腿堡、老北京鸡肉卷、深海鳕鱼堡、田园脆鸡堡、川辣嫩牛五方等，配餐有上校鸡块、鸡米花、奥尔良烤翅、吮指原味鸡等，早餐有猪柳蛋堡、田园脆鸡堡加蛋、金龙玉叶茶叶蛋等产品。

业务品牌就是把一个业务（产品和服务）最关键的内容浓缩在一组特定的概念和符号中，用来承载和其他竞争对手业务完全不同的名称、术语、象征、记号、故事等信息。我们通常所说的品牌有3个层次，一是公司品牌，二是业务品牌，三是产品品牌。很多企业只有公司品牌，缺少业务品牌和产品品牌，这并不是一种好的做法。这里的品牌指的是业务品牌和产品品牌，而非公司品牌。

苹果手机的业务品牌是什么？iPhone，这是苹果手机的特有品牌，其他企业的任何手机都不能叫iPhone。从2007年苹果推出第一代手机iPhone2G，10多年过去了，品牌从未改变。苹果除了手机业务的

iPhone品牌之外，还有其他产品如iPad、iPod、AirPods、iWatch、Mac、MacBook等品牌。

中国移动手机号的品牌是什么？有3个，分别是全球通、动感地带、神州行。其中全球通这个品牌从2001年开始面世，经过20年的运作，已经成为通信行业最高业务水准和服务品质的代名词。

中国高铁的列车有哪些品牌？至少有3个，分别是和谐号、复兴号、动感号。

麦当劳餐厅的快餐食品有哪些品牌？非常多，比如巨无霸汉堡、将军汉堡、麦乐鸡、扭扭薯条、苹果派等。

当然，业务品牌也可以是多个知识产权（IP）相互叠加的一个组合概念，包括多个方面的内容。比如《流浪地球》这部电影，就包含了至少3个大IP，一是由演员吴京出演电影中的角色，二是故事来自科幻作家刘慈欣的同名小说，三是电影中的演员是知名演员和流量小生。

再比如华为MATE40RS保时捷手机，也是多个IP的相互叠加，一是保时捷设计品牌，二是莱卡镜头品牌，三是麒麟芯片品牌，四是京东方柔性屏品牌。

很多产品由于拥有一个比较响亮的产地名称，而往往忽略了自己的业务品牌或产品品牌建设，这是很可惜的一件事情。就好像一个人，向别人介绍时只说自己是北京人或上海人，某人的父亲或某人的儿子，没有介绍自己的名字，这样是很难让别人记住的。这种现象在很多行业都存在，比如茶叶行业，别人问卖什么产品时，有人说卖铁观音、大红袍、普洱、毛尖、龙井……其实这些名称都不是品牌，只有小罐茶、金骏眉、立顿、迪尔玛等才是真正的产品品牌。

## 四、寻找更多的价值定位

一个业务的价值定位，除了产品价值、延伸价值、服务价值、品牌价值，还有一些辅助性的价值，比如梦想价值、责任价值、企业公民价值等。

梦想价值。很多公司的创业者，都是为了实现心中那个美好的梦想才去开公司的，公司是他们造梦并努力实现梦想的一个平台。马斯克从小就有一个翱翔太空的梦想，所以在2002年成立了探索太空的太空探索技术公司（Space X），并在2018年2月和2020年5月，成功发射了猎鹰重型火箭。这种可以载人旅行的火箭开创了人类航天航空的新梦想，只是2021年的两次试验不理想，着陆的时候发生了爆炸。

乔布斯在年轻时也有一个梦想，想把枯燥的人工计算变成有趣的电子计算，为此和他的朋友斯蒂夫·盖瑞·沃兹尼亚克在1976年成立了苹果公司。由于苹果内部的权力斗争，乔布斯不得不在1985年离开了苹果，后来乔布斯在1997年重回苹果并接任了行政总裁的职务。乔布斯领导公司推出了麦金塔计算机、iMac、iPod、iPhone、iPad、iWatch等风靡全球的电子产品，改变了人们的通信、娱乐、生活方式。

责任价值。还有一些公司肩负着一定的社会责任，公司是他们承担责任并有效履行社会责任的一个平台。第二次世界大战结束时，非洲和拉丁美洲的一些贫穷地区环境污染严重，黑蝇肆虐，黑蝇的叮咬会将盘尾丝虫传染给人们。因盘尾丝虫感染的疾病叫河盲症，这种寄生虫在人体组织里游动，会导致关节变形，严重时，这种寄生虫会游到眼睛里，直接导致失明。默克医药公司一直关注着这个疾病，从1975年开始，就持续不断地进行大量人力、物力、财力的投入，进行临床研究和试验。经过10多年的研发，特效药美迪善终于问世，这种药物只需要服用1次，就可完全治愈。然而患河盲症的人，几乎都是完全没有购药能力的人。

最终，默克医药公司在1987年做出了一个史无前例的决定，宣布将美迪善无偿捐赠给那些有需要的河盲症病人。美迪善的捐赠计划是世界上最大的药物捐赠行动，每年超过1800万人免费获得此药，直到今天，这项捐赠活动还在进行中。

有人问默克医药公司的首席执行官魏·吉罗,为什么要推动美迪善的捐赠计划?魏·吉罗的回答是如果不推动这个计划的话,默克医药公司很多员工的士气会被瓦解,因为大部分从事美迪善工作的员工,认为他们所从事的是挽救和改善生命的事业而不是一门生意。默克医药公司的创始人有过一句关于责任的描述,讲得非常好:"我们要牢记一点,药品是为了救人,不是为了赚钱,只要有使命,利润会随之而来。"

企业公民价值就是企业对利益相关者的尊重,包括员工、客户、合作伙伴、供应商、政府、社区、环境等这些对象,企业要制定出符合道德规范及社会价值观的发展策略。

## 第七张战略画布——价值交易

**第七张战略画布:价值交易**

| 业务/交易 | 交易对象 | | | | | | 交易界面 | | | 交易顺序 | | | | 交易价格 | | | | |
|---|---|---|---|---|---|---|---|---|---|---|---|---|---|---|---|---|---|---|
| | 个人B2C | 团队B2M | 企业B2B | 工厂B2F | 渠道B2D | 政府B2G | 线下交易 | 线上交易 | O2O方式 | 先钱后货 | 先货后钱 | 以货易货模式 | 只收钱不交货模式 | 高价暴利 | 平价平利 | 薄利多销 | 低价亏损 | 免费模式 |
| 明星业务 | | | | | | | | | | | | | | | | | | |
| 金牛业务 | | | | | | | | | | | | | | | | | | |
| 山猫业务 | | | | | | | | | | | | | | | | | | |
| 瘦狗业务 | | | | | | | | | | | | | | | | | | |

涂鸦"价值交易"画布的意义主要有五点:一是明确既定业务的交易对象,交易对象有六种,选择一种还是多种;二是明确既定业务的交易界

面，线上还是线下；三是明确既定业务的交易顺序；四是明确既定业务的交易价格；五是明确既定业务的交易方式。

## 一、交易对象

一个非常具体的业务或商品，究竟有哪些潜在的交易对象呢？交易对象实际上就是我们平时所说的客户，主要有六种，第一种是个人消费者（Customer），第二种是团队消费者（Member），第三种是企业客户（Business），第四种是制造工厂（Factory），第五种是渠道经销商（Distributor），第六种是政府组织（Government）。

对大多数业务或商品来说，交易对象往往是多元的，多层次、多结构的，不是单一的。比如橙子，交易对象主要有五种：第一种是个人消费者；第二种是团队消费者；第三种是公司，把橙子买来之后分发给员工；第四种是制造工厂，工厂买来之后把它加工成果汁或水果罐头，再通过超市卖出去；第五种是渠道经销商，渠道经销商买来之后把它卖到各种超市和批发市场去。

再比如腾讯和阿里巴巴所开发的各种应用软件，交易对象除了是个人消费者、渠道经销商、企业客户之外，还有政府组织。

交易对象的划分方法非常多，最常用的划分方法如下：

● 按照性别把客户划分为男性客户、女性客户。

● 按照消费水平把客户划分为高端客户、中端客户、低端客户等若干个等级。

● 按照年龄阶段把客户划分为儿童客户、学生客户、青少年客户、中老年客户等若干个集群。

● 按照地理区域把客户划分为国内客户、国外客户、亚洲客户、欧洲客户、美洲客户等。

● 按照合作时间长短把客户划分为老客户、新客户。

- 按照价值贡献把客户划分为战略客户、重要客户、普通客户等。

一项具体的业务或商品,究竟要选择什么样的客户,这是非常需要智慧的。比较明智的做法当然是选择一部分客户,放弃一部分客户。选择需要智慧,放弃更需要智慧和勇气,一个企业试图对所有客户都通吃,实际上这是非常糟糕的客户战略,当然,连客户是谁都搞不清楚,是更愚蠢的状态。

## 二、交易界面

按照网络和实体的结合程度,可将交易界面划分为如下三种:一是线下交易,二是线上交易,三是O2O交易。

线下交易。线下交易的方式非常多,比如地摊、自营店、品牌旗舰店、专业市场、便利店、百货商场等。

线上交易。线上交易的方式也非常多,比如我们在优酷或爱奇艺上付费看电视剧、看电影,就是典型的线上交易方式。

O2O交易。O2O是Online To Offline的缩写,主要指线上下单、线下交付的交易方式。目前这种交易方式非常多,比如餐饮行业、酒店行业等所采用的就是O2O的交易方式。

## 三、交易顺序

一手交钱一手交货的交易顺序。这是商业对等的基本法则,理应如此。

先交钱后交货的交易顺序。如下这两种性质的企业普遍在采用这种商业模式。

(1)产品定制型企业,为了控制风险而采取这种商业模式。越来越多的产品趋向于个性化,不再是千篇一律的工业品,所以需要定制。比如客户的新房需要一批家私,尺寸和款式都很个性化,所以需要定制。定制就得先交费，否则这批产品做好了客户不要怎么办，不收钱的话，风险非常高。采取这种商业模式的企业比较多，比如定制家私的尚品宅配、定制服装的雅戈尔、定制橱柜的欧派等。

（2）用利润换现金的企业。拥有大量的现金，即使利润薄一点，也是企业的一个巨大红利，一些企业想提前锁定大量的现金，做到手中有粮、心中不慌的状态，用利润换现金的做法就应运而生。能够让客户心安理得地把"粮食"交给你，没有诱惑性的"粮食"回报给客户是很难实现的，所以对等的企业方海量的优惠就变成了必然。比如很多商场的购物卡，客户充值1万元有500元的购物券赠送，充值5万元有3000元的购物券赠送；一些美容美发机构，客户存5000元送3000元的优惠；一些健身机构，客户存10万元送10万元的优惠；电信企业的预存话费送手机；等等。这些都是非常典型的用利益换现金的做法，即先收钱后交货的商业模式。

先交货后交钱的交易顺序。现在这种商业模式极其风靡，原因在哪里呢？

原因一：有些商品的款项特别巨大，一般顾客很难做到一次性付清。比如房子，大宗资产，动辄几百万上千万元，地产商不得不采取先交房后收钱的方式，否则根本卖不出去。所以先付几成首付，剩下的款项用二三十年来按揭的商业模式应运而生，这种商业模式的好处是地产商获得了现金流，银行获得了利息，业主用小钱办了大事，是一种多赢的商业模式。

原因二：有些商品的款项不是特别大，量力而行都是付得起的，但即便付得起，很多企业还是乐意为顾客提供第二种付款方式，即分期付款。比如客户想买一台50万元的车，客户也可以拿得出50万元的现金，4S店可以建议客户买台100万元的车，首付50万元，剩下的款项两三年分期。这种商业模式的好处是4S店获得了更好的销售额，金融机构获得了利息，客户减轻了现金压力,开上了更好的车,也是一种多赢的商业模式。

原因三:有些商品的款项即使不是太高,很多企业还是为顾客提供了灵活多样的付款方式,全额付款可以,低息模式的分期付款也可以。比如淘宝网店上的一件衣服,两三千元,顾客可以全额付款,也可以选择零首付,12次低息分期。这么"感人"的做法是何原因呢?原来是商家为了促销,用低息加上分期的诚意来体现差异化营销。这种商业模式的缺点是商家这一方牺牲了现金流,好处是吸引到了更多的订单。而顾客这一方则获得了低资金成本的先消费后付款的好处,类似于低息贷款,也是一种多赢的商业模式。

原因四:在移动支付非常发达的今天,为了提高企业的工作效能,也给顾客提供更多的便捷性,加之这些服务项目的款项不是很高,而且风险也不是太高,所以很多企业不得不顺应这种社会趋势,主动或被动地选择了这种先交货后收款的商业模式。比如滴滴专车,乘客坐完车之后,可以即时付款给司机,过一两天再付款也没什么问题。

原因五:把信用作为商业模式的重要变量,也可以形成先交货后收款的商业模式。比如信用卡,银行可以根据客户的信用状况,授信给顾客一定额度的消费金额,先消费后还钱。

以货易货的交易顺序。在硬通货和货币没有出现之前,古时候大多数商品的交易都是以货易货。比如用牛羊交换粮食,用布匹交换猎物,用玉石交换土地等。

现在还有以货易货的企业吗?当然有,但在国内不算太多,近几年才有了一定程度的长足发展,有一些平台型企业,专门做这个事情,但他们要收取一定比例的佣金。像易巴特、易货网、巴山虎、易货中国等算是比较活跃的第一批以货易货的企业,但这些企业的运营和古代非常纯粹的以货易货的交易方式还是有很大区别的。

作为当今商业领域另一种主流的经营方式,以货易货在美国、加拿大、澳大利亚等国家的企业得到了非常普遍的应用，以货易货的贸易额占到了一些国家总体贸易额的 27% 以上。仅在美国，就有将近 50 万家企业从事易货贸易，还有一些易货公司是上市公司，每年易货交易额达到 200 亿美元以上。以货易货的最大好处就是不用花钱，就能拿到你想要的东西，不但不用花钱，还能减少库存并提高销售额。

有一些历史悠久的老城区，还保留着以货易货的传统特色，这种以货易货的方式是最古老、最传统的，没有中间商赚佣金，和古时候的易货模式几乎一样。笔者参加过在昆明潘家湾举办的 2016 年民间收藏品交易节。这次交易节除了正常的市场商户与来自全国各地的藏友进行藏品买卖，主办方为了弘扬以货易货的传统文化，还专门为普通市民开辟了 200 个免费摊位用来以货易货。一些门店商户也挂上了以货易货的招牌，市民可以拿自己手中的各类藏品用以货易货的方式与其他藏友直接交换，也可以与门店商户里明码实价的藏品直接交换。有哪些东西是以货易货的主流呢？主要是各类书籍、字画、连环画、古玩、杂件、珠宝、玉器、木雕、石雕、盆景、钟表、邮票等。

只收钱不交货的交易方式。有没有只收钱不交货的商业模式，即只收钱却能合规合法地不向客户交货的商业模式呢？从严格意义上来讲，是没有的，因为这不符合商业对等的基本原则。

从广义的角度来看，有一些行业的商业模式类似于只收钱不交货。我们举几个类似的例子，供大家以后在商业模式的创新设计中加入这种可能性的思路。

比如保险行业的商业模式就类似于这种性质。保险机构收了客户的保费，却不一定非要向客户"交货"，因为客户承保的内容并没有出现任何问题，所以保险机构不用付出任何代价。

## 四、交易价格

价格是商品价值高低的一种表现方式。在交易的过程中，价格是一个非常重要而且敏感的因素，如何对业务和商品的使用价值、延伸价值、品牌价值进行真实再现，是非常考验企业智慧的，既要对内评估，也要对外参考。对价格的定位主要有五种策略：一是高价暴利模式，二是平价平利模式，三是薄利多销模式，四是低价亏损模式，五是免费模式。

高价暴利模式。大部分拥有稀缺资源、顶级品牌或核心竞争力的企业，都会采取高价暴利模式，毕竟物以稀为贵，比如路易·威登、爱马仕等奢侈品，以及一些稀缺的历史古物、文玩字画等，商家采取的都是这个套路。

平价平利模式。大部分常用的消费品都是平价平利模式，比如冰箱、电视、服装、沙发、桌子、凳子等。

薄利多销模式。有一些企业为了短期利益，采取超低利润的交易价格，价格远低于市场平均水平。这并非一种可持续的经营方式。

低价亏损模式。有一些企业为了短期利益，比如抢夺市场、抢夺客户，采取恶性降价的方式。你10元我9元，你9元我8元，一路杀到底，价格不但远低于市场平均水平，而且企业已经是彻彻底底地无利可图，卖得越多亏得越多，除极少数赔本赚吆喝，大部分企业都是在进行慢性自杀。这也并非一种健康的经营方式。

免费模式。有没有不收钱只交货，即免费的交易方式呢？从严格意义上来讲是没有的。天下没有免费的午餐，即使有，也只是短期的免费或者部分的免费。免费是不可持续的，因为这不符合商业对等的基本原则。

我们在现实的商业活动中，会碰到非常多的企业都在干这种事情——提供免费的商品和服务，为什么呢？一起来分享以下多种类似免费商业模式的潜在原因，供大家以后在商业模式的创新设计中加入这种可能性的思路。

原因一：不但免费，还给你送礼，这种做法实际上是商家抢占客户资源的一种营销活动，有了客户就可以获得更多和更大的中长期利益。比如在支付宝上注册花呗会员，不但免费，还可以获得优惠券，实际上也是商家为了获得你这个客户，为以后的个人金融业务提供了各种可能。

原因二：体验型免费，实际上是为营销引流。比如一部需要付费的电影，免费给你体验10分钟，实际上是为后续的付费下载或注册会员进行引流。再比如免费健康体检，实际上是为后续的综合医疗服务进行引流。

原因三：商品免费，实际上是羊毛出在猪身上。比如免费送报纸，报社并未亏本，报纸的费用出在了广告商的身上。再比如电视台高价购买的电视剧，免费播放，实际上购买电视剧的费用出在了赞助商的身上。

原因四：前端免费，实际上是后端买单。比如百安居为你设计装修方案，免费的，实际上后端的工程项目的利润在为前端的免费买单。

原因五：部分免费，实际上是一种广告。比如新开张的一家餐厅，试营业期间每天对前几桌客人免单，实际上是一种营销和广告。再比如娱乐城的KTV每周一的14:00至18:00免费，实际上是一种营销和广告。

原因六：硬件免费，实际上是消费收费。比如电信公司的免费手机，实际上手机这个硬件免费，但捆绑的套餐是收费的。

原因七：软件免费，实际上是硬件收费。比如我们在麦当劳餐厅里坐下来休息是免费的，但是点汉堡包是收费的，即空间免费，但食物收费。

原因八：增值免费，实际是主营业务收费。比如海底捞提供很多免费服务，这些服务都是增值服务，主营业务就是菜品，没有一个是免费的，都是收费的。

原因九：前期免费，实际上是一种诱惑性营销。比如提供净水器试用服务，满意后才付费，实际上是一种诱惑性营销。

原因十：机器免费，实际上是业务捆绑。比如免费提供利乐包生产线，耗材必须使用该公司的，实际上是一种业务捆绑。再比如银行免费提供电子收费（ETC）设备，实际上是支付高速公费用的支付捆绑。

原因十一：耗材免费，实际上是主材收费。比如免费的餐具和餐巾纸等耗材，实际上是用餐过程中的配套服务，菜品是收费的。再比如在商场买一双皮鞋，送你一支鞋油或一个穿鞋器，实际上是耗材免费，主材收费。

原因十二：低价项目免费，实际上是高价项目在补贴。比如一些景区，门票免费、游览车免费，实际上是景区内其他游乐项目的利润在补贴。再比如在网上买一本书，价格不高才十几元，邮寄还免费，书商肯定是亏本的，实际上是其他订单的利润在补贴这个订单。

原因十三：服务免费，实际是商家花钱在培养一种全新的消费习惯。比如社区里面的快递储物柜，现阶段免费，实际上是为了培养消费习惯，等大家习惯了，离不开时，商家一定会收费的。

原因十四：看似免费，实则收费。比如平时用手机中的全球定位系统（GPS）导航，看似免费，实际上手机制造商在手机中内置 GPS 功能时，已经付费了。我们购买手机的费用当中，有一小部分费用是支付给研发 GPS 的公司的。

产品和服务免费，有些做法是获利回报，是公益慈善，而有些做法完全是非理性的，赔本赚吆喝，甚至是恶性竞争。

# 第八张战略画布——业务战略

| 特性维度 | 产品力 | | | | 服务力 | 品牌力 | 价格力 | 营销力 | | |
|---|---|---|---|---|---|---|---|---|---|---|
| | 质量战略 | 技术战略 | 功能战略 | 品类战略 | 服务战略 | 品牌战略 | 价格战略 | 市场战略 | 客户战略 | 营销战略 |
| 领先性 | | | | | | | | | | |
| 低成本 | | | | | | | | | | |
| 差异化 | | | | | | | | | | |
| 集中化 | | | | | | | | | | |

第八张战略画布——业务战略

涂鸦"业务战略"画布的意义主要有五点：一是明确定位既定业务的产品力等级，产品力主要来自质量战略、技术战略、功能战略、品类战略这四个维度；二是明确定位既定业务的服务力等级，服务力来自服务战略；三是明确定位既定业务的品牌力等级，品牌力来自品牌战略；四是明确定位既定业务的价格力等级，价格力来自价格战略；五是明确定位既定业务的营销力等级，营销力主要来自市场战略、客户战略、营销战略这三个维度。

## 一、领先的质量是不可或缺的前提条件

质量战略是业务战略十大子战略中的第一个维度，是产品力的重要组

成部分。领先的质量战略是业务战略不可或缺的前提条件，好的质量会说话，好的质量就等于这项业务被赋予了一种强大的竞争力。

江苏卫视有一档相亲节目，叫《非诚勿扰》，主持人是孟非，和他搭档的两位嘉宾主要是心理专家和娱乐圈名人。这档节目从2010年1月开始首播，时至今日已经超过10年了。

为什么一档相亲节目，能够持续火10年呢？《非诚勿扰》节目在男女嘉宾选择、身份确认、话题选择、内容审查等方面采取了一系列非常严格的措施。比如为了防止节目在价值导向上存在偏差，节目组对所有国内外同类节目所涉及的敏感话题，进行了全面的汇总、整理、分析，列出了最容易出现偏差的话题和禁止的话题，并在节目录制前，对男女嘉宾进行充分告知。

为确保节目的真实性，《非诚勿扰》节目组构建了四道坚实的防线：（1）改变男女嘉宾的选择标准。从过往比较简单的外貌、职业、年龄、特长等标准，调整为以情感真实、真诚待人、积极向上、有强烈相亲欲望的正面态度作为第一标准。（2）规范男女嘉宾的选择流程。从过去填一张报名表就可以直接报名，调整为第一次面试、第二次面试、第三次面试相结合的选择流程，同时还要查验身份证、户口本、学历证书等有效证件。（3）扩展男女嘉宾的信息来源。从过去比较单一的互动对话，调整为对入选嘉宾所在单位、社区、家庭的实地采访，更深层次核实个人信息，并对其生活状况、工作状况、个人性格、价值观、婚恋观等有一个全方位的了解。（4）开放录制现场，邀请媒体共同监督节目制作流程。

《非诚勿扰》节目组适时抓住社会热点，为广大男女嘉宾建构了一个积极向上的相亲平台，同时也为广大电视观众提供了了解和认识这个群体的一个有效渠道。《非诚勿扰》节目所展现出来的新一代女性，她们对爱情、婚姻的要求非常高，有着自己的追求，强调思想和情感交流，所以这档节目在收视率上得到电视观众的高度认可和回报。

《非诚勿扰》节目的包装，也做得相当精心、细致、到位，所有观众都可以看到，不论是舞台、环境、灯光、服装、化妆、道具等，还是节目的背景音乐、节奏控制等，都已经达到了国内外同类节目的上乘水准。男女嘉宾外形靓丽养眼、打扮时尚前卫、表现热情大胆奔放，为节目无形中创造了非常多的亮点和看点。

《非诚勿扰》节目组所制定的相亲规则，合理准确又充满趣味，使得整个节目在推进过程中会出现很多戏剧性的变数，让整个节目颇有舞台剧的味道，几乎每三五分钟就有一个小高潮，每10多分钟就有一个中高潮，到了尾声必定有个大高潮。主持人在节目中的超级把控能力，又为节目增色不少。

《非诚勿扰》经过10多年的打磨，在国内已经成为一档非常成熟的相亲节目了。说它是相亲节目，它又与其他相亲节目不一样。首先，这个节目的男女嘉宾都非常好看，基本都是俊男靓女，学历高，形象好，口才好，独立性强，把中国新一代中国女性的美好形象展现得淋漓尽致。其次，这个节目的议题火爆，交锋激烈，原因在于节目从一开始就弱化了相亲这个功能性的价值，而强化了话题价值。很多热点话题的互动、交流很有内涵，给电视观众带来了深刻的启迪和感受。

《非诚勿扰》这档节目的成功主要集中在产品特性上：（1）《非诚勿扰》是一档非常另类的节目，它看似是相亲节目，实际上是一个形象展示节目，也是一个基于热点话题的脱口秀节目，甚至还是一档娱乐节目。（2）《非诚勿扰》节目的制作模式、嘉宾模式、主持模式、盈利模式、品牌模式、观众模式都是与众不同的，很难复制。（3）《非诚勿扰》的创新迭代做得非常好，10年时间已经创新迭代了5次。

日本和牛赢在品质。日本和牛的原产地是关西兵库县的但马地区，这里的山野盛产各种各样的中草药，许多平时放牧的草场，绿草中就夹杂生长着一些不知名的中草药。和牛就是在这种环境中慢慢成长起来的。

日本和牛的种类和品牌，最终确定时间是在1956年。那年日本农业协会制定标准，将黑毛和牛、褐毛和牛、短角和牛、无角和牛这4个品种纳入了和牛这个大家族中。为了维持和牛牛肉的品质，日本农业协会还在1996年颁发了养殖指南，要求每头种牛生产10胎左右就必须停止配种，并严格限定种牛的出口。2007年，进一步限定必须是在日本本土生长的上述四种牛，才有资格使用和牛这个品牌。

日本和牛肉质细致，富含丰富的不饱和脂肪酸以及多种良质氨基酸，吃起来非常柔嫩爽滑。世界上最有名气的牛肉叫神户牛肉，产自神户的但马地区，被称为牛肉界的劳斯莱斯，备受全球资深老饕的追捧。牛肉口感的好坏跟脂肪含量有关，脂肪含量高的会呈现出所谓霜降图案，也就是大家通常说的大理石纹。

日本和牛根据世界上最严格的品质划分标准——牛肉大理石花纹标准，以红肉中夹杂雪花脂肪的含量高低，建立了12个等级标准，日本和牛的品质等级基本上都处于10、11、12这3个最高的等级中。就是A5等级，也远高于澳洲牛肉和美国牛肉的等级。

同样是牛，为何日本人养的和牛，品质等级就那么高呢？这一切都是因为日本人在饲养和牛上花费了近乎变态的时间和心血。首先，为了维持和牛的血统，饲养者会对牛的交配进行非常严格的管理，刚出生的小牛，都要被分配以编号，血统相关信息等也会被详细记录。

同时，饲养者会尽力为牛创造最舒服的成长环境，保证每头牛拥有一定的活动空间，牛舍每天都要清扫，并为牛制定适当的放牧时间等。

对于牛的食物，饲养者更不会马虎，不仅要喂上等的稻、麦等，清澈洁净的水源更是重点，甚至饲养场的空气指数都要达到优良等级才行。

## 二、领先的技术就是话语权和垄断权

技术战略是业务战略十大子战略中的第二个维度,是产品力的重要组成部分。领先的技术战略对业务战略来说非常重要,先进的技术能让一项业务拥有无可比拟的话语权,甚至是垄断权。先进的技术就等于先进的生产力,落后的技术等于被动挨打。

技术战略指企业在市场竞争环境中,为获得竞争优势和市场主导地位而选择的科学技术研发和创新。比如一个做手机的企业,想要在技术上有所作为,那么就需要制定七大系统的技术线路图:芯片、操作系统、拍照、电池、储存、基带、屏幕。如果企业什么专业、什么技术都没有的话,即使暂时领先,也终将是昙花一现而已。

近几年,中国企业频频被卡脖子的高科技领域之一是芯片。一个企业想做芯片,至少有两个维度的专业高度需要逾越:一是芯片设计技术,二是芯片制造技术。目前全球大约有十几家企业能够进行3~5纳米芯片的开发设计,比如英特尔、三星、英伟达、高通、超威、美光、华为海思、联发科等,但真正能够把5纳米芯片制造出来的企业,却只有台积电、三星、格芯等少数几家企业。

为什么台积电、三星、格芯等少数企业能够制造出5纳米甚至3纳米的芯片呢?因为这些企业拥有荷兰阿斯麦(ASML)的高端光刻机。

光刻机的工作原理,就是在一个极其微小的芯片上画电路,波长越短,刻画的电路就越多,芯片的容积比就越高。光刻机是迄今为止,人类历史上能够造出来的最复杂、最精密的机器之一。一辆汽车大约需要5000个零部件,而一台高端光刻机需要10多万个零部件,涉及5000多个供应商,每个供应商都是各自细分领域的佼佼者。光刻机融合了数学、光学、流体力学、高分子物理、化学、精密仪器、自动化图像识别等学科最前沿的科技。目前全球最先进的 5 纳米光刻机,只有荷兰阿斯麦、日本尼康等少数公司能够生产,每台售价大约 1.2 亿美元。

## 三、增加功能意味着更多的可能性和竞争力

功能战略是业务战略十大子战略中的第三个维度,是产品力的重要组成部分。领先的功能战略对业务战略来说非常重要,每一个功能的创新和增加,都意味着这项业务多了一种可能性和竞争力。

功能战略指的是产品在使用功能上的全面颠覆、创新叠加、持续领先或与众不同,能达到人无我有、人有我精的一种至高境界。

2021 年年初,有一则非常吸引眼球的财经新闻,那就是苹果公司开始造车了,彻彻底底地跨界。苹果汽车(Apple Car)将于 2022 年第三季度开始量产,并正式交付用户使用。2009 年,当苹果公司推出苹果手机(iPhone)的时候,它重新定义了智能手机。后来苹果推出苹果电脑(iPad)的时候,它重新定义了智能面板。当苹果推出智能手表(iWatch)的时候,它重新定义了智能手表。当苹果推出无线耳机(AirPods)的时候,它重新定义了无线耳机。当苹果推出 Apple Car 的时候,估计苹果汽车也将重新定义智能汽车的标准。有资料显示,苹果汽车与传统汽车最大的不同就是它彻彻底底的智能化、电动化、数字化、网联化,汽车不再是一个机械产品,而是一个电子产品。驾驶 Apple Car,就等于坐在一个长得很像鼠标的智能手机的内部空间里,不需要人进行任何实际上的操作,只需要发出一组指令,一切的出行服务都将得以完美安排。

新款格力空调和传统空调相比,有什么领先性的新功能?基于 AI 的人机对话,不用使用遥控器了。

新款的美的电饭煲和传统电饭煲相比,有什么新功能?解冻功能,可以帮助人们在很短的时间里进行冷冻食品的有效解冻。

茶密茶杯和传统茶杯相比,有什么新功能?人工智能功能,可以恒定

温度、定时、计时、语音提醒等。

## 四、品类的多或少没有对错之分

品类战略是业务战略十大子战略中的第四个维度，是产品力的重要组成部分。选择多品类战略或单品类战略，没有所谓的对错之分，但蕴含着不同的甚至是南辕北辙的经营思维。传统的经营思想一般认为单品类战略是起点，多品类战略是终点。

品类战略就是产品种类的选择战略，每一种细小的产品种类都代表了一种消费者的需求，有些品类的市场需求量非常小，有些品类的市场需求量非常大。相对来说，品类越完整，对市场的覆盖度就越好。但大多数企业对品类多少的追求都有所取舍，品类战略的适宜性对总体战略的影响非常大。

苹果手机的品类，只有一个，就是iPhone（iPhone mini、iPhone、iPhone Pro、iPhone Pro Max）。

红牛饮料的品类，只有一个，就是250毫升的小金罐。

海底捞餐厅的品类，只有一个，就是火锅。

大众汽车的品类，包括轿车、SUV、MPV、皮卡、跑车5种。

肯德基餐厅的品类，包括汉堡、沙拉、小食、盖饭、煲汤、烘焙、饮品等多种。

农夫山泉的品类，包括水系列（桶装、瓶装）、茶饮系列、果汁系列、维生素功能系列、农产品系列（水果、大米）等多种。

海天味业的品类，包括酱油、蚝油、醋、调味酱、鸡精、味精、油类、小调味品等多种。

恒顺醋业的品类，包括食醋、酱油、辣酱、火锅调味料、鸡粉、料酒、蚝油、腐乳、麻油等多种。

雅戈尔服饰的品类，包括西服、衬衫、西裤、夹克、领带、T恤等多种。

## 五、真诚的服务能产生画龙点睛的效果

服务战略是业务战略十大子战略中的第五个维度。好的服务战略具有 3 个特点，分别是领先性、集中性、差异化。好的服务战略能产生服务力，服务力就是黏合力，大多数服务战略都能起到画龙点睛和事半功倍的效果。

服务战略就是企业以服务为核心，以客户满意为宗旨，使售前、售中、售后的服务资源始终与变化的环境相匹配，从而促进企业的可持续发展。

目前，国内大部分企业的服务理念和服务水平都有很大幅度的提升。举几个例子和大家做一个简单的分享。

京东：客户拥有七天无理由退货的权利，客户确定退货后，会有京东的服务人员主动上门取货，以真诚、高效而著称。

海底捞：为就餐客人提供免费的美甲、棋牌、擦鞋、零食、带孩子、照看宠物和过生日等服务，以全面、周到、真诚、礼貌而著称。

胖东来：以极致服务而著称，比如为老人家准备放大镜、为客人免费送货、为客人照顾孩子、雨天为客户打伞、把水产品控干后再称重、无条件退货并上门取货等。

## 六、好的品牌就是一张特别通行证

品牌战略是业务战略十大子战略中的第六个维度，非常重要。一些人的消费逻辑就是表就买江诗丹顿，包就买路易·威登，箱子就买日默瓦（RIMOWA），手机就买苹果，车就买德系奥迪、奔驰、宝马，咖啡就喝星巴克，火锅就吃海底捞。为什么？因为品牌。好的品牌就是一张让人没有抵抗力的特别通行证。

## 21张战略画布
——中小企业战略涂鸦化的经验和方法

给品牌取一个好名字有多重要？举一个例子，由3个群岛组成的西印度群岛，其中之一叫巴哈马群岛，和佛罗里达州的海峡口很近。巴哈马群岛里有一个著名的旅游小岛，叫天堂岛。这个岛以前叫猪岛，改名之前，无人问津，因为名字很难听；改名之后，门庭若市，成为网红打卡的景点。

在国内也有这样的例子，大家耳熟能详的云南旅游景点香格里拉，这个地方以前叫中甸县。英国作家詹姆斯·谢尔顿写了一本小说叫《失去的地平线》，小说描写了西南地区的一个边陲小镇，仿佛人间天堂，名字叫香格里拉。其实这个地方究竟在哪里，仅凭书中的描述是不能确定的。20世纪90年代，云南省政府为了开发旅游资源，搞了一次很成功的"寻找香格里拉"的营销活动，之后，就宣布香格里拉在迪庆藏族自治州的中甸县境内，并把中甸县改名叫香格里拉县，从此这个地方就成了一个热门景点。

经典战略著作《定位》中有这样一个观点：不同的字、不同的词语、不同的段落，哪怕一个人的名字，在审美上给人的感受都是有高下之分的。比如说，甲壳虫、披头士、小红莓、滚石、U2、林肯公园、唐朝、黑豹、零点这几个乐队的名字，你会觉得哪个乐队更受人喜欢呢？

从英文翻译过来的中文名字也一样，翻译得好不好，效果大不相同。比如美国知名大明星Marilyn Monroe，翻译成玛丽莲·梦露，多好听的名字。Monroe是一个比较常见的姓，最常见的翻译不是梦露而是门罗。比如美国第五任总统James Monroe，正式的翻译是詹姆斯·门罗。你看看，如果Marilyn Monroe翻译成马里连·门罗，就完全没有任何漂亮性感的感觉了。

大家知道当年奔驰、标致、捷豹、路虎、马自达的名字有多土吗？奔驰最初进入国内的时候被大家叫作默谢台斯本茨，一个很难听也很难记的名字。现在则不然，很好地运用了奔腾飞驰的意思，把奔和驰两个字放在一起形成了一个品牌，塑造了这个品牌要为我们带来的印象，也可以说是一个很经典的名字。标致最初叫作别儒，听起来让人感觉很慢，对汽车来说是很不合适的，后来使用了标致就变得接地气了。捷豹原来的名字叫作积架，如果从谐音来理解很容易让大家感觉就是鸡架，这样很容易造成误解，不利于品牌塑造和传播，后来改名捷豹，这样才有了非常好的效果。路虎原来还被叫作兰德罗孚，四个字的名字更长，而且不容易记，也不容易对车子有更好的定义。路虎就很不一样，立刻树立了良好的汽车品牌印象，而且也更加霸气威猛，和路虎车子的设计风格很匹配。马自达原来的名字叫作松田，是从创始人名字中取的字，不过这让传播变得困难，后来改名为马自达，也有一种顺利到达的意思。

给品牌起名字，是一件非常严肃的事情，那怎样起一个好名字呢？根据我们咨询团队长期实践的经验，归纳了如下3点。

第一，品牌能准确体现产品和行业的主要特征。比如微信、淘宝、海底捞、奔驰、宝马、欢乐谷、世界之窗等，一看就知道它们是做什么的。

第二，品牌要有特点，有辨识度，便于传播。比如苹果、亚马逊、阿里巴巴、金龙鱼、芒果台、碧桂园、狗不理、全球通等，非常通俗易懂，好听好记。

第三，品牌要兼顾历史文化和正面的价值观。比如六福珠宝、全聚德、同仁堂、协和医院、好百年等，一看就具有时代感，而且富有积极正面的文化内涵。

以上3点，最重要的是第一点，就是要准确，品牌要能准确地体现出产品和行业的主要特征。

任何产品和行业都有其内在独特的功能、特征、气质、调性，所以企业的品牌最好能确保这些东西能与品牌的名字基本对应。起一个名字容易，但要起一个准确的名字却非常不容易。

一个品牌的名字，只要准确了，起码就有70分了，如果还能酷一些，有文化一些，有寓意一些，有个性一些，那就有 80 分以上了。

很多人有一个误区，喜欢起一个自以为很酷的名字，或者崇洋媚外，或者迷信什么寓意，或者某些词语的谐音，名字一不准确，那么这个品牌就很难获得成功。

品牌值钱吗？英国知名的品牌价值研究机构《品牌经济》在达沃斯论坛上发布了《2020 年全球最具价值品牌 500 排行榜》，在排行榜前 10 名中，美国企业占了 6 席，中国企业占了 3 席，韩国企业占了 1 席。

第一名是美国的亚马逊，零售，品牌价 2207 亿美元，比 2019 年增加了 17.5%，这归功于亚马逊在云计算、流媒体、消费电子和物流领域的扩展。

第二名是美国的谷歌，科技，品牌价值 1597 亿美元，比 2019 年增长了 11.9%。

第三名是美国的苹果，科技，品牌价值 1405 亿美元，比 2019 年下滑了 8.5%。

第四名是美国的微软，科技，品牌价值 1170 亿美元，比 2019 年下滑了 2.1%。

第五名是韩国的三星，科技，品牌价值 944 亿美元，比 2019 年增长了 3.5%。

第六名是中国的工商银行，银行，品牌价值 807 亿美元，比 2019 年增长了 1.2%。

第七名是美国的脸书，媒体，品牌价值 798 亿美元，比 2019 年下滑了 4.1%。

第八名是美国的沃尔玛，零售，品牌价值 775 亿美元，比 2019 年增长了 14.2%。

第九名是中国的平安，保险，品牌价值 690 亿美元，比 2019 年增长了 19.8%。

第十名是中国的华为，科技，品牌价值650亿美元，比2019年增长了4.5%。

据韩国银行的一项调查数据显示，截至2019年，全世界合计拥有创业历史超过200年且没有中断过的品牌企业一共有5586家。最多的是日本，有3146家；然后是德国，有837家；后面的荷兰有222家，法国有196家，英国有151个，中国有16家，美国有14家，印度有3家。

在中国，可明确追溯的最古老久远且没有中断过的品牌企业，是成立于1530年的六必居，距今已有490多年的历史了。六必居以经营酱菜起家，相传店内的金字招牌"六必居"这三个字是由大学士严嵩题写的。

马应龙创建于1582年，距今已有430多年的历史了，以经营传统中药起家。

陈李济创建于1600年，距今已有420多年的历史了，以经营传统中药起家，相传店名"陈李济"三个字是由帝师翁同龢题写的。

张小泉创建于1628年，距今已有390多年的历史了，以经营剪刀起家。

九芝堂创建于1650年，距今已有370多年的历史了，以经营传统中药起家。

王麻子创建于1651年，距今已有370年的历史了，以经营菜刀起家。

同仁堂创建于1669年，距今已有350多年的历史了，以经营传统中药起家。

王致和创建于1669年，距今已有350多年的历史了，以经营腐乳起家。

荣宝斋创建于1672年，距今已有340多年的历史了，以经营文房用品起家。

玉堂酱园创建于1714年，距今已有300多年的历史了，以经营酱菜起家。

六味斋创建于 1738 年，距今已有 280 多年的历史了，以经营酱肉起家。

月盛斋创建于 1775 年，距今已有 240 多年的历史了，以经营酱牛羊肉起家。

广德楼戏院创建于 1796 年，距今已有 220 多年的历史了，以经营传统戏曲起家。

## 七、大多数价格战都赔了夫人又折兵

价格战略是业务战略十大子战略中的第七个维度，是业务战略中最直接、最敏感的一个商业因素。打价格战，等于玩一把双刃剑，玩得好，叫薄利多销，能激活一些隐形的消费；玩得不好，叫跳楼自杀，大多数价格战都是赔了夫人又折兵。

笔者为好几家大型百货集团做过战略咨询，所以有时候去商场买东西，和一般客户有些不同的关注点。笔者对价格标签比较敏感，常常会脱口而出"贵了""便宜了""好贵啊""好便宜啊""价格还可以"等话语。

贵有两种贵，一种贵是绝对贵，另一种贵是相对贵。便宜也有两种便宜，一种便宜是绝对便宜，另一种便宜是相对便宜。

比如一套年年红的红木家私，300 多万元；北上广深的一套房子，1000 多万元；一只水晶陀飞轮手表，500 多万元。这些商品都挺贵的，令很多人望而却步，这种贵是绝对的贵。

而另一种贵是相对贵。几乎一模一样的一盒鸡块，麦当劳卖 11 元，肯德基卖 12 元，后者只比前者多了 1 元钱，这种贵是相对贵。

再比如，2 元钱一包的食盐，这种便宜是绝对便宜，购买时没有任何压力。而另一种便宜是相对便宜，一双鞋子，标价 4000 元，现在 6 折促销，好像很便宜的样子，这种便宜是相对便宜，感觉上的便宜，其实不一定真的便宜。

## 第二章　业务战略的七张画布

我们买东西的时候，有时会因为一个90元钱的商品能不能再优惠10元钱，跟商家讨价还价半天，花挺多的时间。而对于一个9000元的商品能否再优惠100元，我们好像并不是太在意。这种现象就很有意思了，100元明明和10元有10倍的差距，为什么我们却更看重前面的那个10元钱呢？

很明显，大多数顾客在购物的过程中，其实更在乎的并不是价格本身，而是把优惠价格和原先价格做对比，来判断自己的获得感。

相对于90元，10元就是它的1/9，获得感是很强的。而相对9000元，100元仅仅只占到1/90，这个时候100元看起来获得感就没那么多了。

商品价格本身是多少钱，有时候并不是消费抉择的第一影响因素，获得感才是第一影响因素，获得感的大小明显更能影响顾客的抉择。所以，任何价格都是相对的，关键在于参照价格，这是一个强大的营销理论的底层逻辑。

人性天生就喜欢对比，各种对比。买东西的时候，尤其喜欢对比价格，把东家的价格和西家的价格相比，把昨天的价格和今天的价格相比，把打折前的价格和打折后的价格相比，把感觉中的价格和现实里的价格相比。

美国一个营销机构的研究数据显示，商家向顾客提供一个可与现实价格直接对比的参照价格，对顾客的购买速度是有正面影响的。

如果商家没有提供参照价格，那么顾客对很多商品的价格判断，高了还是低了，是缓慢的、模糊的、似是而非的。如果把这个判断过程完全交给顾客，让顾客用头脑中碎片化的各种价格数据来判断，很明显这个过程是完全不受商家控制的，在销售过程中，弊大于利。

如果商家提供了一个合适的参照价格，顾客就会受到一定程度的暗示和影响，这种暗示和影响是快速的、清晰的、直觉性的，谁也抗拒不了。商家把以前较高的价格和现在较低的价格放在一起，等于在向顾客灌输一种简单信息：打折了，降价了，划算了，便宜了，赶紧买。当这些概念不断被植入顾客大脑中的时候，商家就拥有了一定程度的影响力。很明显，在销售过程中，这种做法利大于弊。

让顾客占便宜，实际上意味着企业有两个定价步骤：一个是显性的定价，价格通常高一点，叫原价；另一个是隐性的定价，把成交价降下来，叫折后价。这个过程能给予顾客一种占便宜的心理感觉。如果商品只有一个定价，顾客不会有占便宜的感觉，从消费心理学的角度来看，对商品销售的过程是不利的。

为什么高价也能获得青睐？低价一定会把高价打败吗？那倒不一定。大多数时候，是反过来的，高价总在打败低价。

在距离东京150公里之外的偏远郊区，有一处避暑胜地，叫轻井泽。它的名气虽然不大，却因为树木繁茂、环境清幽，被誉为东京的后花园。

来到这里，就像闯入一个与世隔绝的世外桃源，芳草萋萋，流水潺潺，行云片片，鸟声婉转，让人将一切喧嚣都抛诸脑后。逃离喧嚣热闹的城市中心，置身于这片寂静的山谷里，每一口呼吸的都是大自然的味道。而日本最负盛名的顶级温泉酒店——虹夕诺雅，就隐藏在这片清净安详之地。

和周围其他顶级酒店的配置与服务不同的是，虹夕诺雅没有电视，没有空调，也不管三餐，住一晚却至少要8000元人民币，而且还必须两晚起住。尽管价格如此昂贵，但仍有无数客人慕名而来，包括日本的富豪和上层人士，还有专门跑来度假的外国游客，为的就是体验一种安静、浪漫又舒适的氛围。很多人为了能够住上虹夕诺雅，要提前半年预订房间。

一头日本和牛能够卖出多少钱？答案是168万元人民币。

2019年11月，日本三重县松阪市举办了一场松阪和牛的品评大会，获得冠军的松阪和牛被当地一位土豪以168万元人民币的价格竞拍获得。

据悉，这头天价松阪和牛来自三重县大纪町，养殖时间超过了900天。

日本和牛牛肉是世界上最珍贵的牛肉之一，以其丰富的大理石花纹和黄油味闻名。当然这种牛肉的价格也非常昂贵，世界上品质非常好的美国牛的价格在每千克100~200美元，而和牛犊牛的价格是美国牛的40倍以上。

一条蓝鳍金枪鱼能够卖出多少钱？答案是2088万元人民币。

2019年1月，日本东京丰州市举行盛大的新年首场金枪鱼拍卖活动。一条巨型蓝鳍金枪鱼以2088万元人民币的天价成交，打破了历史纪录，得标者是日本著名的喜寿司和三昧寿司店的社长木村清。

据日本媒体报道，这条高价金枪鱼在三昧寿司的各个门店被全部用于制作寿司，寿司在2小时的时间里就被兴趣盎然的食客们横扫一空。虽然价格如此昂贵，平均每贯（贯是寿司的重量单位，一贯约等于40克）寿司的价格高达2.4万日元，折合人民币1520元，但是爱好美味的日本人，还是提前几个小时就去排队。一些没有吃到金枪鱼美食的食客，在门外等候久久不愿离去。

传统的消费逻辑是这样的：第一，我有实际需求；第二，我有价格认同感；第三，我有价值认同感；第四，我有性价比认同感。只有当需求和这三个认同感同时具备时，人们才会购买。

为什么高价也能获得顾客的青睐呢？因为消费的逻辑发生了改变，高端消费的逻辑理念是：第一，我有欲望；第二，我有价值认同感；第三，我有价格认同感；第四，我有性价比认同感。

高端消费的前提不是需求而是欲望，第一认同来自价值认同，第二认同是才是价格认同，第三认同是性价比认同。

高端消费的第一个认同是价值认同。商品的价值维度非常多，主要有使用价值、形式价值、感受价值、品质价值、附加价值、潜在价值等六种，有些价值是显性的，有些是隐性的，有些是定量的，有些是定性的，有些是物质层面的，有些是精神层面的。

像之前提及的虹夕诺雅、和牛牛肉、金枪鱼寿司，让顾客为之疯狂的主要价值是感受价值。虹夕诺雅给予顾客的价值是其他任何地方都找不到的舒适，和牛牛肉给予顾客的价值是任何牛肉都无法比拟的口感，金枪鱼寿司给予顾客的价值是令人终生难忘的新鲜味道。这些价值塑造非常成功，清晰有特点，大家都已经深度了解了。

高端消费体现了很朴素的一个人性特点，那就是人天生就有很多很美好的欲望，消费的过程就是最大化满足欲望的过程。当商家能够满足顾客这些美好欲望的各种指标时，顾客会记住你，至少会暂时记住你。

高端消费的第二认同才是价格认同。价格认同就是对商品价格绝对高低的判断。大多数顾客都有自己的消费区间，有人习惯于从封顶价格从上往下看，越看越低；也有人习惯于从保底价格从下往上看，越看越高。

一般绝对价格很高的商品，吸引来的客户都是高端客户，消费能力很强。当消费欲望被诱发的时候，理性的顾客还会看看价格，不太理性的顾客对价格连看都不看，就已经决定购买了。

第三个层面是性价比判断，即价值与价格之间的比值判断，这是购买行为的第三步。如果顾客认为"价值＝价格"，绝大多数顾客会觉得还比较公道，处于一种很理性的消费状态中。如果顾客认为"价值＜价格"，消费欲望会受到一定程度遏制，有一些顾客会放弃这款商品。如果顾客认为"价值＞价格"，消费欲望会得到一定程度的提升，有一些顾客会加速消费的过程。

过度低价是一种错误战略。我们经常看到，很多企业把自己还不错的新产品的入市价格定得很低，以为这是一种有效抵御竞争，并能赢得较高市场占有率的手段，可最后的结果却往往事与愿违。也有一些企业，一旦碰到竞争对手调整价格，马上就慌了，高开低走，价格犹如泄闸的洪水，降价降到令人难以置信的程度，甚至是毫无利润的裸价。

秉持低价思想的企业基本上都会走向灭亡，因为这完全不符合商业对等的基本原则。

低价，既不能为企业换来利润，也不能为企业换来口碑和客户，甚至连正常的运营秩序都难以维持，更别说研发了。低价，除了新产品上市初期，可能会有一小段时间的轰动效应之外，实在是看不到任何可取的价值。时间长一点，没有真正的财务回报，这种不可承受的低价，会让大多数企业走入死胡同。

绝大多数低价策略所代表的是经营者的错误价格战略，是一种信心不足的表现，也是违背营销规律的。营销有一个重要规律，那就是高价上市，代表先难后易；低价上市，代表先易后难。

对价格敏感的顾客，很容易被低价诱惑。既然能被你的低价产品诱惑，也很容易被其他低价的产品诱惑。所以，对价格敏感的顾客，忠诚度不高。相反，对价格不敏感的顾客，很难被诱惑，产品一旦打动他们，他们就会很忠诚。所以，低价很难积累客户，主要是因为忠诚度不高；高价顾客是可以积累忠诚客户的，忠诚客户最大的优点在于重复消费。

而市场的成长，就在于不断积累有价值的顾客群。

在超级激烈的竞争环境下，只有少数品牌具有涨价的能力和权利，比如奢侈品。大多数普通商品，价格规律往往是高开低走。有少数人期望低价打开市场，然后涨价，这是很幼稚的想法，是完全行不通的。

价格高开低走，其实符合消费心理学原理。按照消费规律，只有约5%的人是早期顾客，他们对价格不敏感，只对新鲜的事物敏感。

价格本身不是定位，但价格决定了消费群，消费群决定了定位，所以价格本身也具备了定位的意义。现在电子产品比如手机等，上市时基本上都采用了高开低走的价格策略。价格高开就是为了区隔市场并筛选顾客，让价格筛选出来的优质顾客给产品定位。

价格定位，会形成某种象征。如果这种象征是大众追捧的，那么，在价格低走的过程中，就可以动员更多的顾客购买，特别是让那些价格高开时不具备购买力的顾客购买。

## 八、市场可以分为蓝海、红海、死海

市场战略是业务战略十大子战略中的第八个维度，是营销力的重要组成部分。市场战略没有对错之分，但是有适宜之分，好的市场战略具有3个特点，分别是集中性、差异化、领先性。最好的市场当然是蓝海市场，无人竞争；稍次的市场是红海市场，充满着血腥一样的竞争；最坏的市场是死海市场，几乎没有任何机会可言。

大多数企业的市场战略，都有一个清晰的路径图，主要指市场版图的改变，在物理区域上从一个小小的区域市场扩大到全国几十个省市的中型市场，再从全国几十个省市的中型市场扩大到全球几个、几十个国家的国际市场。除了物理上的市场战略之外，还有空间上的市场战略，从线下走到线上等。

迪士尼：迪士尼在全球一共有6家大型景区，其中美国本土2家，日本1家，法国1家，中国香港1家，中国上海1家。

麦当劳：麦当劳的餐厅遍布全世界每一个角落。截至2020年，麦当劳在全球拥有3.7万多家快餐餐厅，在中国有3000多家，占比约8.1%。

肯德基：在中国，几乎哪里有麦当劳的餐厅哪里就有肯德基的餐厅。截至2020年，肯德基在全球拥有2.3万多家快餐餐厅，在中国有6000多家，占比约26%。

星巴克：截至2020年，星巴克在全球的门店超过3万家，遍布全球80多个国家和地区，在中国有5000多家店，占比17%左右。

西贝餐饮：据西贝餐饮2020年的年报显示，西贝的市场完全在国内，西贝的门店大约有400家，其中北京地区68家，上海地区59家，广东省37家，江苏省34家，浙江省21家，湖北省11家，内蒙古地区10家。

## 九、客户有明星、金牛、山猫、瘦狗之分

客户战略是业务战略十大子战略中的第九个维度，是营销力的重要组成部分。好的客户战略具有3个特点，分别是集中性、差异化、领先性。一流的客户是明星客户，二流的客户是金牛客户，三流的客户是山猫客户，四流的客户是瘦狗客户。

以客户为中心的讲法大家再熟悉不过了，但究竟谁才是企业的客户呢？这个问题看起来好像不是问题，实际上这是一个非常关键的问题。对企业来说，如果连客户是谁都回答不清楚的话，是相当致命的，对客户不聚焦，企业在研发、生产和销售上的无用功会呈几何级数增加。

世界十大汽车公司分别是丰田、通用、福特、大众、戴姆勒—克莱斯勒、本田、日产、标致、菲亚特、宝马。如果问大家几个小问题——谁是德国汽车公司的客户？谁是美国汽车公司的客户？谁是日本汽车公司的客户？谁是法国汽车公司的客户？谁是意大利汽车公司的客户？这些问题很难回答清楚，好像全世界75亿人都是这些汽车公司的客户，实际上完全不是。笔者看过一份汽车行业的调查分析报告，数据显示每家汽车公司对自身客户的聚焦是非常清晰的，识别因素主要集中在两个维度上：一是客户类型的维度，你希望把汽车卖给哪些人，细分的因子有性别、年龄、学历、家庭、婚姻、收入、资产、职业、喜好、情怀、语言、区域、民族、国籍等项目；二是实际的市场占有率的维度，只有当这两个维度的集中度都非常高时，那个重叠区间的客户才是你真正的客户，否则只是你的幻觉。

客户需要细分，最简单的细分方法，就是按照性别把客户划分为女性客户、男性客户，按照消费水平把客户划分为高端客户、中端客户、低端客户等若干个等级，或者按照年龄阶段把客户划分为儿童客户、学生客

户、青年客户、中年客户、老年客户等若干个集群。企业的客户战略就是选择一部分客户，放弃一部分客户。选择需要智慧，放弃需要勇气，一个企业试图对所有客户都通吃，实际上这是非常糟糕的客户战略，当然，连客户是谁都搞不清楚的战略，更是愚蠢的战略。

如何细分客户？巴雷托分析法把这个貌似简单的问题搞得很复杂，但一看就科学无比，也很好理解（如下图所示）。巴雷托用层层递进的思维把客户分为 ABCD 四类：D 类客户是目标市场中的所有客户，C 类客户是所有客户中的目标客户，B 类客户是目标客户中的进攻客户，A 类客户是进攻客户中的战略客户。

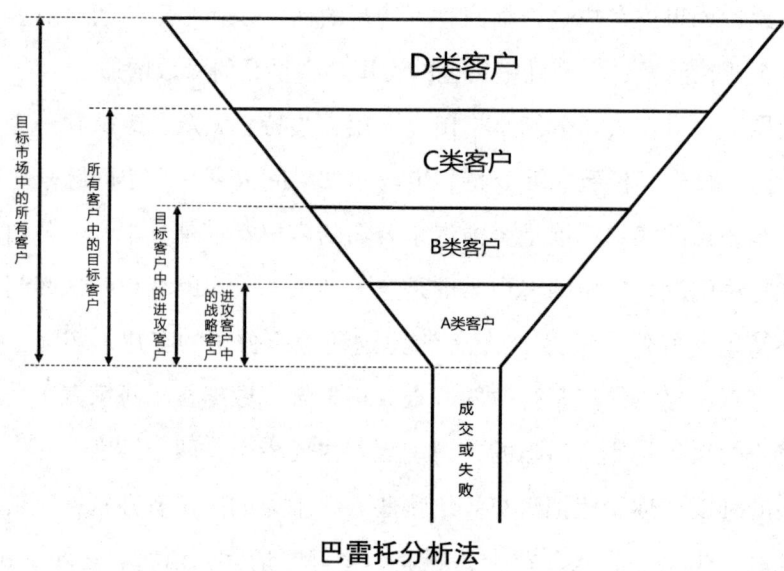

**巴雷托分析法**

很明显，在上述这个漏斗形状的巴雷托分析图形中，最上面的 D 类客户只是一个理论上的概念。目标市场中有多少客户，客户在哪里，叫什么名字，连最基本的名单我们都不一定罗列得出来，客户只是一个大方向的概念而已。

处于第二个层级的 C 类客户变得相对清晰多了，有名有姓。虽然我们和对方还没有打过交道，对客户的任何想法都还处于纸上谈兵的阶段，还没有任何实质性的动作,但是范围已经收窄,比较具象化了。

处于第三个层级的 B 类客户是企业正在跑马圈地的客户。企业用望远镜把对方观察得清清楚楚,也和对方打过交道,但对方却不一定愿意和企业成为同路人,很多客户都处于沉默观望的状态。

处于第四个层级的 A 类客户是企业重中之重的客户,具有战略性和指标意义,是极少数的人。企业和客户相互之间已经非常熟悉和了解了,也比较认可对方,正在朝战略伙伴关系的方向演进。

除了巴雷托分析法之外,还有一个比较常用的客户分析工具,叫客户四象限矩阵(如下图所示)。该矩阵从潜力和贡献两个角度对客户进行分类,一共划分为四类:A 类客户——贡献大而且潜力大,B 类客户——贡献大但潜力小,C 类客户——贡献小但潜力大,D 类客户——贡献小而且潜力小。

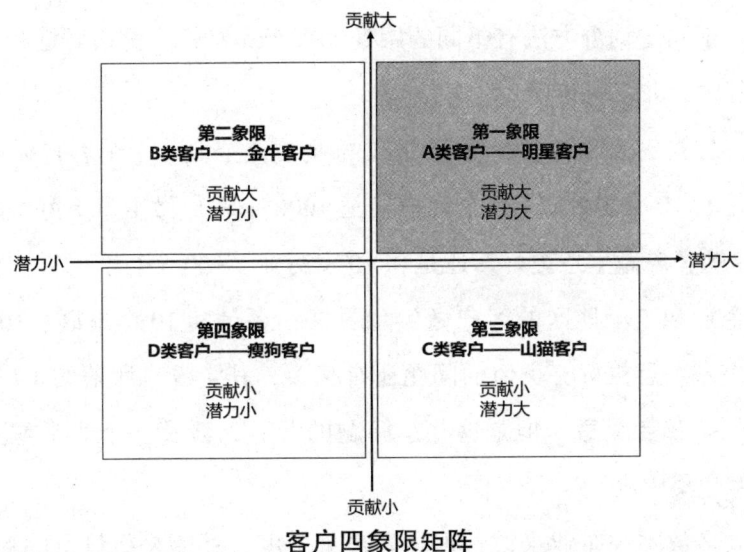

**客户四象限矩阵**

很明显,在上述客户四象限矩阵中,第一象限中的 A 类客户是高价值客户。这种客户具有战略价值,非常重要,企业要学会与第一大客户进行深度捆绑,把明星客户的潜力彻底挖掘和释放出来。

第二象限中的B类客户是中等价值客户。这种客户非常忠诚，很难得，企业要学会与金牛客户紧密合作，继续保持长期稳定的伙伴关系。

第三象限中的C类客户是低价值客户。这种客户虽然是一座巨大的金矿，但企业没有找到合适的方法，相互之间还存在很多障碍和问题，企业要采取高举高打的方式持之以恒地进行深度培育和开发。

第四象限中的D类客户是垃圾客户。企业要学会放弃，不要继续在这种客户的身上浪费资源和时间。

上述两个工具在使用的过程中，向我们传递了非常重要的一句潜台词——有些客户是真实的；有些客户是虚幻的；大部分客户都是别人的，要学会坦然放弃；只有少数客户是自己的，要学会努力进攻和争取。

当然，客户的划分方法非常多，通常有大客户和小客户、老客户和新客户、国内客户和国外客户、企业客户和个人客户、明星客户和垃圾客户等之分。不同的划分方法有不同的用处，在产品对标、价格对标和营销对标的过程中，非常有价值。

如何提高客户集中度。大致相同的业绩，企业和1个客户做生意更好，还是和10个客户、100个客户甚至1000个客户做生意更好？企业和1个行业的客户做生意更好，还是和10个行业、100个行业的客户做生意更好？企业和1个地区的客户做生意更好，还是和10个地区、100个地区的客户做生意更好？类似的问题还有很多，其实没有所谓的正确答案，仁者见仁，智者见智。但是这些小问题的背后，涉及一个非常重要的词语——客户集中度。

对大多数中小企业来说，提高客户集中度，不管是数量上的集中度、行业上的集中度、区域上的集中度或是其他某种特征上的集中度，都是非常重要的一件事情。20/80定律在客户管理上非常适用，可以理解为最重要的客户只是少部分，占比20%；另外的80%尽管是大多数，却是次要的客户。该定律也可以理解为 20% 的客户贡献了 80% 的业绩。

分析在深交所和上交所上市的部分中小公司的年报资料，我们会发现客户集中度较高是非常普遍的一个现象，超过一半比例的中小公司的第一客户在业绩上的占比长期超过 60%。

提高客户集中度有什么意义呢？最大的好处在于聚焦，聚焦效应形成后，就能够集中力量，为特定的客户群体提供最好的产品，甚至是个性化和定制化的很多东西。同时，在客户服务上也变得相对比较简单和直接，使得市场成本大幅降低，这样更加有利于企业集中资源和集中力量，为客户做更多专业化的事情。

如何提高客户集中度呢？比较传统的方法有五种：第一种是数量上的集中度，第二种是行业上的集中度，第三种是区域上的集中度，第四种是客户特征上的集中度，第五种是产品上的集中度。

数量上的集中度：对当前较庞大的客户群体，进行有效过滤和筛选，只选择极少数的几个客户，把绝大多数客户都放弃掉。企业集中资源和能力，为最优质的几个客户提供最好的产品和服务，实现数量上的集中度，逐步把企业做大做强。

行业上的集中度：不要什么行业都介入，因为行业和行业的差别是非常大的，企业只有充分了解了一个行业的主要特性，才能为用户提供最好的产品和服务。所以，企业可以只选择极少数的几个行业，甚至是一个行业，精耕细作，把专业发挥到极致，实现行业上的集中度，逐步把企业做大做强。

区域上的集中度：企业不一定非要把产品卖到全世界才叫成功，在国内也可以把生意做得很好，甚至可以是一个省、一个小城市的一个小片区域，也未尝不可。区域上的集中度，可以大幅度缩小企业的工作半径，对工作效率的提升和运营成本的降低都是非常有帮助的。

客户特征上的集中度：企业不一定非要把全球75亿人都变成自己的客户才叫成功。企业可以把生意锁定在中小学生这个群体上，也可以锁定在精英白领这个群体上，也可以锁定在喜欢运动的这个群体上，一样可以把生意做得很好。

产品上的集中度：企业不一定非要把产品序列弄到几十个、几百个才叫成功。企业可以对复杂的产品线进行删减和筛选，主打一两款拳头产品，实现产品上的集中度，也可以把企业做得很成功。产品上的集中度自然会吸引一批喜欢这个产品的客户，也会淘汰一批不喜欢这个产品的客户，最后顺理成章地形成客户上的集中度。比如康师傅以前的产品线非常复杂，什么口味的方便面都去做，去讨好所有的消费者，结果事与愿违。最后康师傅把产品集中在红烧牛肉面和老坛酸菜牛肉面这两款方便面上，反而筛选到了最好的客户，那就是喜欢辣和酸的客户，实现了客户上的集中度。

如果你的企业拥有一大批优质的客户，如何让这批优质的客户发挥出最大的协同效应呢？所谓协同效应就是企业在实施产品组合战略或者多元化战略的过程中，基于完全相同的客户资源，从一个产品扩展为多个产品，从一个利润中心扩展为多个利润中心的一种叠加效应。

协同效应也叫增效效应，是由德国物理学家赫尔曼·哈肯提出来的，原本是一种物理学现象，后来在管理学界得到了非常普遍的应用。简单地说，协同效应就是 $1+1 \geq 2$。

安德鲁·坎贝尔在《战略协同》一书中说道："协同效应就是搭便车，当客户资源可以被同时且无成本地应用于其他产品或其他业务时，$2+2=5$的效应就发挥出来了。"

最经典的例子就是你若开一个小商店，如果有客户来买方便面，只向他卖方便面那是远远不够的，还要向客户卖火腿肠和卤蛋，甚至还要把饮料也要卖给他，做到客户协同最大化。

再举一个例子。比如海天味业，最开始它是做酱油的，后来逐步发展成为集酱油、蚝油、醋、调味酱、鸡精、味精、油类、小调味品在内的八大厨房用品，有200多个具体规格的产品。

海天味业目前是全球最大的专业调味品集团企业，已经从当初一个专业化的小企业成功转型为相关多元化的大企业了。在几十年逐步多元化的过程中，购买醋、调味酱、鸡精、味精等的客户一直没有变过，都是同一批客户，这是相当难得的，算是客户协同化做得非常好的企业之一。

## 十、好的营销能形成爆点和卖点

营销战略是业务战略十大子战略中的第十个维度，是营销力的重要组成部分。营销就是找自己的特点和优点，找客户的痒点和痛点，最后变成爆点和卖点的一个完整过程。好的营销战略能产生强大的推动力，让自己的产品能够在芸芸众生中为更多客户认知和了解。

什么是营销？最简单的定义就是广而告之地卖产品，当然更高级的定义还包含了卖思想、卖概念、卖故事、卖服务、卖价格、卖专业、卖口才等内容。衡量一个企业是否拥有了高级别的商业文化，一个很重要的指标就是企业是否学会了差异化营销。营销是战略落地最主要的执行方式，广告是营销最主要的表现手段，营销是投入产出转化率最快、也是转换率最高的一种商业行为。

美国营销协会的相关数据显示，美国2018年花在商业广告上的费用就高达1.2万亿美元。这是一个什么样的概念呢？就是每小时要用掉1.4亿美元的广告费用。

今天这个时代，营销无极限，广告无极限。不管是竞选广告、商业广告、公益广告，一抬腿就能碰到，一睁眼就能看到，一出门就能听到。

说营销过度，广告泛滥，一点也不为过。打开电视机有广告，打开收音机有广告，打开网站有广告，打开App有广告，打开报纸有广告，乘坐电梯有广告，乘坐公交车有广告，乘坐地铁有广告，乘坐飞机有广告，大街小巷有广告，高速公路有广告，走到哪里都有广告，甚至看一部电影，也有各种各样的植入性广告。

其实，大多数营销活动和大多数广告都是低效的、无效的，甚至适得其反。能被大家记住的，不是那些千篇一律的东西，而是那些有思想、有灵魂、有见解的东西。一支好的广告，最起码要与众不同，要有差异化，同时还要有说服力，要有艺术感。能达到这种层次的广告，寥寥可数。知名管理专家唐·E.舒尔茨说："好的广告就像一缕味道很特别的香气，慢慢渗透入顾客的五脏六腑，在顾客心目中留下久远绵长的一种记忆。记忆一旦被打开，香气自然而然地就回来了。"

什么是传统的营销法则？营销学界一般认为4P法则是最传统的营销法则。在4P法则的基础上，有一大批营销专家前赴后继地进行了营销法则的研究和创新，提出来各种各样的营销理论，但万变不离其宗，基本都是大同小异，没有本质上的区别。在传统营销领域，有一定代表性的营销法则除了4P之外，还有4C、4I、4R、4V、4S、5A，这些法则基本上都产生于20世纪60—90年代，有相当大的时代代表性，也有相当大的时代局限性。有时候营销学界会把20世纪90年代之前的所有营销理论，通通称为传统营销法则。

传统的营销法则并不代表过时，部分传统的营销法则还有其强大的生命力，即使在今天，依然还在影响和指引着诸多企业的营销活动。

最传统的4P法则是密歇根大学教授杰罗姆·麦卡锡在20世纪60年

代提出来的，4P 指的是产品（Product）、价格（Price）、渠道（Place）、促销（Promotion）。这个法则是站在企业端来思考问题的，在商品还不是很丰富、竞争还不是很充分的年代，企业完全不用站在客户的角度来思考问题，企业能把产品生产出来就不错了。所以企业产品的设计与生产、价格的确定、分销渠道的选择与合作、促销活动的安排等都是企业单方面的事情，任何环节都不太需要顾客参与，也没有太多必要与顾客进行互动。用一句简单的话来说就是企业做好自己的产品、做好自己的销售就够了，至于结果好坏，就交给市场来检验吧。一些传统快消品的营销法则，到今天都还在很广泛地采取 4P 法则。比如我们在商场里看到的服装、箱包、餐具、化妆品、电器等，这些商品通过大量的卖场铺货、打各种广告、定期搞促销、在价格上打折优惠等手段来吸引顾客，其理论基础就是典型的 4P 法则。

第二种营销法则是 4C 法则。4C 法则是罗伯特·劳特朋在 20 世纪 90 年代初提出来的，4C 指的是客户需求（Consumer's Needs）、支付成本（Cost）、双向沟通（Communication）、便利服务（Convenience）。和 4P 法则几乎相反，这个法则的着眼点全都是客户，企业大多数决策行为都积极地向客户靠拢，用一句最简单的话来讲就是一切都以客户为中心，不是自己单方面说了就算数，而是客户说好才可以算数。4C 法则的基本逻辑是：首先，企业生产的产品要以客户的需求为导向，不能埋头拉车，要抬头看路；其次，在商品定价的时候，要考虑到客户的购买能力，不能脱离实际；再次，在销售的过程中，企业要主动与客户进行互动和沟通，打消客户各种疑虑，直到让客户产生购买行为为止；最后，销售结束后，企业还要为客户提供尽可能多的便捷服务，比如送货服务和售后服务等。

第三种营销法则是 4I 法则。4I 法则是美国知名管理专家唐·E. 舒尔茨在20世纪90年代提出来的，4I指的是激发兴趣（Interesting）、展现个性（Individuality）、良性互动（Interaction）、赠送利益（Interests）。这个法则的着眼点也是客户，完全是站在客户端来思考问题的。首先，企业要通过各种营销活动让客户对企业的产品有兴趣，兴趣是购买的前提条件。其次，在销售的过程中企业要向客户展现产品的个性和营销的个性，不管客户的购买意愿如何，都要与客户保持良性的互动和沟通。当客户确定购买后，企业还要向客户赠送各种可能性的利益和服务，比如价格打折、礼物赠送、服务赠送等。

第四种营销法则是4R法则。4R法则也是知名管理专家唐·E.舒尔茨提出来的，4R指的是建立关系（Relationship）、快速反应（Reaction）、售后关联（Relevancy）、价值回报（Rewards）。这个法则的着眼点也是客户，完全以客户为中心。

第五种营销法则是4V法则。4V指的是差异（Variation）、功能（Versatility）、价值（Value）、共鸣（Vibration）。这个法则的着眼点也是客户，完全以客户为中心。

第六种营销法则是4S法则。4S指的是服务第一（Service）、速度优先（Speed）、诚意为本（Sincerity）、满意至上（Satisfaction）。这个法则的着眼点也是客户，完全以客户为中心。

第七种营销法则是5A法则。5A法则是美国著名营销专家菲利浦·科特勒提出来的，5A指的是认知（Aware）、诉求（Appeal）、询问（Ask）、行动（Action）、倡导（Advocate）。这个法则也是基于顾客端来思考问题的。企业首先要千方百计通过各种营销活动让顾客对企业的产品有一定程度的认知——没有认知就没有诉求。当顾客有购买诉求的时候，顾客会首先想到那些有认知的产品，并主动与企业进行沟通和询问。当企业的沟通和回复让客户满意时,客户就会采取购买行动。顾客购买产品之后,大多数客户都会对产品的使用效果进行评估,如果感觉不错的话,会自觉或不自觉地在相应的社交群体中倡导推行,形成口碑效应。

从 1.0 营销到 5.0 营销。什么是 1.0 营销?简单地说 1.0 营销就是产品营销,在商品还不是很丰富的年代,企业有商品可以卖,顾客有商品可以买,已经很不错了。福特汽车对自己的 1.0 营销进行过非常精辟的总结——无论客户需要什么颜色的车,我们的销售人员只有一句话:对不起,福特汽车只有黑色的,没有其他颜色。

什么是 2.0 营销? 2.0 营销的产生有两个背景,一是商品极大丰富,二是互联网开始普及。在这种背景下,各种新的营销概念纷纷产生,比如情感营销、体验营销、品牌营销等。这个阶段的营销理念相对比较单一,并不复杂,基本上可以总结为一句话,那就是以客户为中心,营销的着眼点不是产品,而是客户。

什么是 3.0 营销?营销大师科特勒说 3.0 营销的核心是价值。商品有使用价值,也有其他方面的价值,客户需要商品的使用价值,也需要使用之外的其他价值。所以 3.0 营销更多的是企业和顾客双方合作性、文化性和精神性的一次深度互动。3.0 营销和 2.0 营销一样,也是致力于满足顾客的需求。但 3.0 营销理念把营销活动一下子提高到了一个关注顾客期望、价值和精神的新高度,把产品营销和人文精神很好地融合到了一起。

什么是 4.0 营销? 4.0 营销简称为 AIDMA,是五个英文单词首字母的合写。4.0 营销的五个维度是注意(Attention)、兴趣(Interest)、欲望(Desire)、记忆(Memory)、行动(Action)。4.0 营销是随着互联网的成熟以及自媒体方式的流行而发展起来的一种全新营销理论。有时 4.0 营销也被称为注意力营销、自媒体营销,是"互联网+思维"下的产物,具有高度的理论创新。

什么是5.0营销？5.0营销是4.0营销的进阶版，简称为DCAIRSAA，是八个英文单词首字母的合写。5.0营销的八个维度是洞察需求（Demand）、价值创造（Create）、传播认知（Aware）、激发兴趣（Interest）、积极推荐（Recommend）、顾客分享（Share）、消费行动（Action）、顾客倡导（Advocate）。有时5.0营销也被称为痛点营销、裂变营销等，是在"互联网+"、人工智能、大数据、社区、共享经济、分享经济、融媒体、区块链、量子计算、O2O等概念得以普及的条件下产生的。接下来和大家对5.0营销的八个维度进行详细的分享。

洞察需求：企业首先要把注意力放在市场端，洞察和研究市场端出现的各种需求变化，包括传统需求的变化、刚性需求的变化、热点需求的变化等。万物互联时代的营销起始端，已经彻彻底底地从企业端改变为市场端了，企业只有持续不断地下沉，不断地了解客户、了解市场，清晰而准确地洞察到市场中瞬息万变的各种需求，并且理解和抓住这个需求，才有可能在后续的营销活动中获得成功。有一些企业就是通过深度的市场洞察，发现了客户的痛点，然后基于痛点大获成功的。

价值创造：当市场端出现需求，特别是痛点需求的时候，企业要千方百计地基于这种需求创造出有价值的产品或服务来，否则就没有任何意义。有些价值是创造出来的，有些价值是创新出来的，从理论到实践，非常不容易。把一个纸上谈兵的概念转化为有形产品，需要研发、技术、设备、资金、人才，还需要打造一个完整的供应链。这个复杂的环节有很多种做法，比如OBM，什么事情都自己做；也有些企业采取ODM和OEM的方式，把非核心的事情交给别的企业去做。记住，价值的落脚点是产品，但价值的表现方式大于产品。顾客不会关心这个产品是从哪里来的，只会关心这个产品有没有满足他的价值需求。

传播认知：当企业有了一款高价值新产品的时候，不管是创造的，还是创新的；不管是自己生产的，还是别人代工的，企业都要积极地让新老客户认知到这种与众不同的价值。不管企业选择什么样的传播方式，商业营销也好，大数据营销也好，或者融媒体营销也好，最终目的就是要让尽可能多的客户认识、知道、了解，知道你拥有别人不具备的高价值产品或服务，最起码要达到信息对称的效果，否则，就是一种巨大的价值损失。

激发兴趣：仅仅让客户知道是远远不够的，还要激发出客户的浓厚兴趣才行。兴趣是消费的一个重要前提条件，没有兴趣几乎就没有购买欲。激发客户兴趣的方式很多，比如体验、试用都是很好的方法。

积极推荐：最好的营销并不是催单和逼单，也不是让顾客在非理性的情况下做出消费决定，人们更喜欢轻松和自然的推荐方式。客户喜欢因为了解而购买，而不是被套路了才购买。商业气息浓厚的而且总爱算计的企业，总是很让顾客讨厌的。所以通过相对比较柔和隐蔽的方式把产品推荐给客户，是营销活动的一个重要技巧。

顾客分享：大多数企业的新产品，在刚进入市场的时候，总会找一些真实的顾客作为第一批体验者和试用者，这些客户也叫作种子用户或者体验官。这些体验官来自不同的区域、不同的行业，具有较高程度的影响力和话语权。当体验官有了良好的感受之后，会在自己的社群进行传播，比如微信圈子、生活圈子、工作圈子、朋友圈子等，久而久之，就会形成良好的社群营销的效果，甚至产生裂变的效果。假如他有一百万粉丝，他发布一个信息后，会有很多人转发，可能就会覆盖上千万人。由真实顾客所表达出来的产品体验，是有信赖关系的，也是有感情的，比纯商业化的营销语言更能打动顾客。这种由关键客户所带动的社群营销，是营销裂变的主要方式。

消费行动：这个环节的主动权虽然完全掌握在顾客手里，但是当广大的顾客群体被大环境和小环境反复影响之后，抵御能力是很低的，判断能力也是偏低的，一旦消费需求出现，顾客会义无反顾地采取消费行动，而且这种消费行动是带有排他性的。

顾客倡导：当企业的产品带给顾客良好的体验，得到大家认可，出现共鸣的时候，一些顾客会主动去思考这款产品背后的设计理念和价值逻辑，并积极主动地把这些思想性的东西传播出去，比如环保、健康、人性、高效、便捷等。由于消费者看问题的角度千变万化，所以他们所表达出来的亮点也不尽相同，而正是这种语言的独特性和视角的独特性，使得营销具有更加震撼的效果。

借助超级 IP 的营销有效吗？美国棒球超级碗是全世界收视率最高的年度体育盛事之一，是世界级的超级 IP。福克斯电视台拥有棒球超级碗的转播权，2020 年转播时的广告招标工作，比任何人预期的速度都要完成得快，15 秒时长和 30 秒时长的插播广告，几天就被各大企业抢光了，太多的企业想来傍一傍超级碗这个超级 IP。中标一支 30 秒时长的黄金档广告，企业要花多少钱呢？2020 年最新的价格是 560 万美元。

饥饿营销还有效吗？较早实施饥饿营销的行业，是汽车行业。客户想买台车，动不动就要等好几个月的时间，简直一车难求，如果加一些钱的话，则可以早点提到车。

后来，饥饿营销进入地产行业，几乎每个楼盘一开盘，就被大家一抢而空，好像你不去连夜排队，不赤膊上阵去哄抢，根本就买不到房一样。

后来，饥饿营销进入电子快消品行业，把饥饿营销玩得炉火纯青的企业首推苹果公司。苹果公司从 iPhone4 开始采用这个营销策略，一直玩到了 iPhone10，屡试屡爽。在供不应求的真相和假象中，一箭多雕，既维持了苹果公司的高端品牌形象，也保持了产品上的高价格和高利润地位，还获得了财务上的超高营收，可谓是赚得盆满钵满。

实施饥饿营销，必须具备两个前提条件：一是产品的唯一性，最好是爆品；二是刚需或者消费者对需求具有紧迫性。成功的饥饿营销会带来意想不到的三个结果。一是能刺激消费者的购买欲望，二是能实现爆款产品的最大收益，三是能提升品牌号召力。

80%的营销活动都是失败的。在传统媒体上做广告，有效吗？在自媒体上做广告，有效吗？在融媒体上做广告，有效吗？在分众传媒上做推广，有效吗？在美团上做推广，有效吗？在淘宝上做推广，有效吗？在百度上做竞价排名，有效吗？在微博和头条上做推广，有效吗？在抖音和快手上做推广，有效吗？在广播电台和电视台做广告，有效吗？在报纸和杂志上做推广，有效吗？冠名和赞助别人的东西，有效吗？在影视作品中植入广告，有效吗？借助公众事件进行营销，有效吗？

答案当然是有效的，如果从0分到10分进行评分的话，在有些平台做营销，营销活动的有效性可以得到高分。而在绝大多数平台上做营销，营销活动的有效性却只能得到非常低的1分到2分，实在是花了钱，却没什么效果。

问题出在哪里呢？第一，受众群体不精准，甚至完全错位，看起来人多，但实际上推销广告的对象并不是企业的消费群体，做了也白做。二是受众人群太少，广告影响力太小，根本没有起到广而告之的效果，浪费时间。三是广告水平太低，企业的广告对目标客户毫无冲击力和影响力，费力不讨好。

广告总体上有三类：第一类广告是品牌广告，以宣传品牌、理念为主；

第二类广告是产品广告，以卖产品为主；第三种是公益广告，以人文思想为主。

在咨询实战的过程中，我们总结了26个比较常用的营销卖点。卖点是什么？卖点就是能够吸引和打动客户的那个亮点；就是在营销过程中，突出与众不同的优点。如果实在没有优点，找出自己的特点也行。

卖点一：价格。突出价格便宜，即使不便宜，至少也要让顾客感觉便宜或者是占了便宜，这是非常重要的一件事情。人天生对价格敏感，追求高性价比回报。所以很多商家就利用这一人性的弱点，通过打折、折上折、优惠价、一口价、甩卖价、亏本价、最低价、内部价，甚至不要钱的方式来吸引消费者，可以说百试不爽。大部分商家的价格优惠都是实实在在的，没有水分，也有一些商家完全是在搞噱头和套路，糊弄消费者，很不真诚。

卖点二：赠品。突出赠品，有用的没用的送一大堆赠品，买一送二，买二送五，光从数字上来看，就让消费者有一种收获满满的感觉。不同赠品的刺激点是完全不同的，比如赠送口罩、电影票、抽奖券等，刺激点是完全不一样的。

卖点三：品牌。突出品牌，大多数人对品牌是没有抗拒力的，因为品牌是能够直达人心的一张特别通行证。品牌代表着品质、诚信、实力、口碑等很多无形的东西，特别是奢侈品品牌、国际知品牌、民族品牌、历史悠久的传统品牌，很有说服力，总能把很多无名之辈打得落花流水。

卖点四：名气。突出名气，大多数消费者对名望和人气都是敬佩的，也是没有抵抗力的。名气可以调动消费者的积极性，提高消费者的期望值。很多消费，都是建立在名气基础之上顺理成章完成的。

卖点五：品质。突出品质好，这是非常聪明的一种做法，能打动很多人。因为消费者都明白这个道理，便宜无好货。品牌和价格是外在的东西，品质好才是最实实在在的消费。没有任何一个消费者喜欢品质糟糕的商品，有时候价格再低，哪怕不要钱，也没有几个人会赏光。

卖点六：新功能。突出新功能，人无我有，人有我精。新功能会让企业的商品有一种居高临下、傲视群雄的感觉。一些不为人知的新功能，特别是原创性的东西，在刚推出来的时候，企业可以作为重要的卖点，新东西总会引起大家的追捧和共鸣。

卖点七：稀缺性。突出产品的稀缺性，毕竟物以稀为贵，稀缺是一个很大的卖点，给消费者一种压迫感，如果机会来临，你不出手，或者出手不及时，商品很快就被其他人抢走了。现实生活中，确实有很多资源、商品都是非常稀缺的。

卖点八：时效性。突出时效性，就这么一段时间，过了这个时间段就不再售卖了或者优惠期就结束了等，给消费者一种压迫感和紧急感。

卖点九：增值性。突出增值性，把未来巨大的增值空间描绘出来，三五年收益如何，8年、10年收益如何，让消费者有一种买到就是赚到的感觉。确实有一些商品，由于外部环境的影响，现在估值不高，消费者在当下可以用较低的价格买到，但是在未来能获得巨大的收益，增值空间很大。

卖点十：第一。突出各种第一，比如销量第一、排名第一，强调自己是市场浪潮中真正的老大，其他企业都不如自己，都是手下败将，是最厉害的，给消费者营造一种该企业最受欢迎的感觉。

卖点十一：销量。突出销量大，把一个巨大无比的销售数字呈现在消费者面前，强调企业的产品反复得到了客户认可和市场检验，给人一种很强烈的冲击力。确实，当一个商品的销量达到几千万或几个亿数量级别时，是非常有说服力的。

卖点十二：服务。突出服务好，将重视、理解、关注消费者的理念呈现出来，一切以客户为中心。

卖点十三：证书。突出各种证书，比如认证证书、资质证书、非遗证书、先进证书、诚信证书、专利证书、金奖证书、荣誉证书、排名证书、百强证书等，向消费者证明企业在专业机构、行业协会、政府机构获得过各种各样的金字招牌。

卖点十四：名人。突出名人，用名人为自己贴金，简单又快捷，所以很多企业会找名人或者明星来代言站台。

卖点十五：专利。突出各种专利，用专利彰显企业的技术实力，也向消费者宣示企业在某些技术领域中拥有绝对的垄断地位。

卖点十六：历史。突出历史，彰显产品的厚重感，把几百年或者几千年前的历史拿出来进行紧密关联，比如产品起源于明朝、清朝，有几百年的历史等。

卖点十七：案例。突出案例，特别是经典案例，有名有姓的案例，是非常具有说服力的。所以很多企业都会包装和挖掘经典，用案例来帮助营销。

卖点十八：故事。突出故事，让产品有故事感，给消费者一种身临其境的感觉。在营销过程中，有一种说法是：讲理论不如讲产品，讲产品不如讲特性，讲特性不如讲数据，讲数据不如讲案例，讲案例不如讲故事。有故事和没有故事，给消费者带来的代入感和影响力是完全不一样的。

卖点十九：效率。突出各种效率，比如生产效率、送货效率、服务效率等，甚至是比竞争对手更高的效率。高效率是消费者一种普遍性的需求，而且是一种非常重要的需求。

卖点二十：方便。突出方便，省掉一切复杂的、麻烦的、多余的环节，让消费者感觉轻松，比如产品操作使用上的方便、购买手续上的方便、送货服务的方便、退换货的方便、售后服务上的方便等。

卖点二十一：共情。突出共情、同理心，打感情牌，变被动认可为主动参与，把消费者最想要表达的东西主动呈现出来，找到消费者和产品之间的共鸣点，即情感诉求交叉点，让消费者有一种"于我心有戚戚焉"的感受。

卖点二十二：工艺。突出工艺，让消费者对产品质量产生高度的信赖感，特别是传统工艺，是很难花心思一代一代传承下来的，而一些高科技工艺、新工艺，对产品质量的稳定性有良好的保障，但需要大量的人力物力投入。

卖点二十三：原产地。突出原产地，比如农作物的原产地和工业品的原产国等，给消费者传递原产地和原产国背后的那些与众不同的气候因素、人文因素、精神因素、社会因素、科技因素等内容。

卖点二十四：上下游。突出上下游，特别是一些国际化的知名供应商和大客户，与之相提并论，都能给自己贴金，从而增强消费者的信心。

卖点二十五：同款。突出同款，这是近几年兴起的一个热词，代表该商品是某大牌人物正在使用的产品，给消费者一种贴近时髦、贴近流行、贴近明星的感受。

卖点二十六：奇特。突出各种奇特的地方，引发消费者的好奇心态，特别是不太常见的一些功能、特性、名称等。

当然，企业在选择营销卖点时，并不会只选择一个点，那样就太单薄了，一般会把多个卖点有机组合起来，形成一套"组合拳"，产生乘法效应。

# 第九张战略画布——业务战略组合拳

**第九张战略画布——业务战略组合拳**

|  | 质量战略 | 技术战略 | 功能战略 | 品类战略 | 服务战略 | 品牌战略 | 价格战略 | 客户战略 | 市场战略 | 营销战略 |
|---|---|---|---|---|---|---|---|---|---|---|
| 营销战略 | 质量—营销 | 技术—营销 | 功能—营销 | 品类—营销 | 服务—营销 | 品牌—营销 | 价格—营销 | 客户—营销 | 市场—营销 |  |
| 市场战略 | 质量—市场 | 技术—市场 | 功能—市场 | 品类—市场 | 服务—市场 | 品牌—市场 | 价格—市场 | 客户—市场 |  | 营销—市场 |
| 客户战略 | 质量—客户 | 技术—客户 | 功能—客户 | 品类—客户 | 服务—客户 | 品牌—客户 | 价格—客户 |  | 市场—客户 | 营销—客户 |
| 价格战略 | 质量—价格 | 技术—价格 | 功能—价格 | 品类—价格 | 服务—价格 | 品牌—价格 |  | 客户—价格 | 市场—价格 | 营销—价格 |
| 品牌战略 | 质量—品牌 | 技术—品牌 | 功能—品牌 | 品类—品牌 | 服务—品牌 |  | 价格—品牌 | 客户—品牌 | 市场—品牌 | 营销—品牌 |
| 服务战略 | 质量—服务 | 技术—服务 | 功能—服务 | 品类—服务 |  | 品牌—服务 | 价格—服务 | 客户—服务 | 市场—服务 | 营销—服务 |
| 品类战略 | 质量—品类 | 技术—品类 | 功能—品类 |  | 服务—品类 | 品牌—品类 | 价格—品类 | 客户—品类 | 市场—品类 | 营销—品类 |
| 功能战略 | 质量—功能 | 技术—功能 |  | 品类—功能 | 服务—功能 | 品牌—功能 | 价格—功能 | 客户—功能 | 市场—功能 | 营销—功能 |
| 技术战略 | 质量—技术 |  | 功能—技术 | 品类—技术 | 服务—技术 | 品牌—技术 | 价格—技术 | 客户—技术 | 市场—技术 | 营销—技术 |
| 质量战略 |  | 技术—质量 | 功能—质量 | 品类—质量 | 服务—质量 | 品牌—质量 | 价格—质量 | 客户—质量 | 市场—质量 | 营销—质量 |

涂鸦"业务战略组合拳"画布的意义主要有两点：一是明确定位业务战略十大子战略的具体内容，需要用具体的文字表达出来；二是寻找可能性的两个或多个子战略之间的有机组合方式，形成"组合拳"，产生化学作用，以发挥更大的效力。

## 一、什么是业务战略"组合拳"

业务战略的十大子战略并非完全独立存在，而是相互协同有效补充的。企业可以根据市场占有的情况和竞争烈度的实际情况，进行子战略之间的有机组合，选择两个或多个子战略，进行有机组合，形成"组合拳"。大多数看似不相关的子战略被捏合在一起，形成"组合拳"之后，会产生意想不到的"化学反应"。有些"化学反应"是中性的，有些"化学反应"是积极正面的，也有"化学反应"是消极负面的。

如果我们把每个子战略都划分为3个层次，姑且用一流、二流、三流这3个词语来进行粗略表达的话，那么每个子战略其实都有3种可选择性。比如质量战略，有一流的质量、二流的质量、三流的质量这3种；价格战略，有一流的价格、二流的价格、三流的价格这3种；市场战略，有一流的市场、二流的市场、三流的市场这3种；客户战略，有一流的客户、二流的客户、三流的客户这3种；服务战略，有一流的服务、二流的服务、三流的服务这3种；等等。

比如我们要把手机业务做好，最简单的业务战略"组合拳"就是"一流的质量 × 一流的价格 × 一流的市场 × 一流的客户 × 一流的服务"，"二流的质量 × 二流的价格 × 二流的市场 × 二流的客户 × 二流的服务"，"三流的质量 × 三流的价格 × 三流的市场 × 三流的客户 × 三流的服务"，"一流的质量 × 二流的价格 × 一流的市场 × 二流的客户 × 二流的服务"，等等。

## 二、什么是性价比策略

性价比指的是商品性能和价格之间的一个量化比值，是一种简单判断该商品可购买程度的方式，具体指的是商品的质量、技术、功能、服务等多维度的价值总和与商品价格之间的一个比值系数。当这个比值系数大于1时，这个商品具有高性价比的特点，就是物美价廉，非常值得购买。当比值系数等于1时，这个商品具有合理性价比的特点，比较实在，值得购买。当比值系数小于1时，这个商品具有低性价比的特点，明显在收割消费者的智商税，非常不值得购买。

性价比不是万能的，性价比系数不是一个绝对的概念，而是一个相对的概念，把价格降下来，性价比系数自然就提高了。难道提高性价比系数的最佳方法就是降价吗？当然不是。如果一个商品的品质达不到用户的要求，或者达不到市场的平均质量水平时，再高的性价比系数，都没有任何意义。很多质量比较低下的产品，免费送给消费者，也没有多少人愿意要。

## 三、什么是奢侈品策略

什么是奢侈品策略呢？所谓奢侈品策略就是业务战略中的十大子战略都追求可持续的领先，都追求一流，就是"一流的质量＋一流的技术＋一流的功能＋一流的品类＋一流的服务＋一流的品牌＋一流的价格＋一流的客户＋一流的市场＋一流的营销"的有机组合。

比如贵州飞天茅台酒的业务战略，就是典型的奢侈品策略，由4个子战略构成，分别是一流的质量、一流的品牌、一流的价格、一流的营销。

再比如路易·威登产品、日默瓦产品的业务战略，就是典型的奢侈品策略，由3个子战略构成，分别是一流的质量、一流的品牌、一流的价格。

## 四、什么是薄利多销策略

什么是薄利多销策略呢？所谓薄利多销策略就是业务战略中的两个子战略追求一高一低，形成具有辩证思维的一个"组合拳"，这两个子战略就是"三流的价格＋一流的销量"。

生活中的大部分快消品，比如矿泉水、啤酒、饮料等，很多产品所采用的业务战略就是薄利多销策略。像农夫山泉矿泉水，是矿泉水行业的头部企业，每瓶水的价格在2.5元左右，毛利只有几毛钱，每年的销售额却高达70亿元以上。而西藏5100冰山矿泉水，每瓶水的价格高达6.5元左右，每年的销售额却不到3亿元。再比如青岛啤酒，每瓶啤酒的价格6元左右，毛利不到1元，每年的销售额却高达180亿元。

第二章 业务战略的七张画布

# 第十张战略画布——价值链

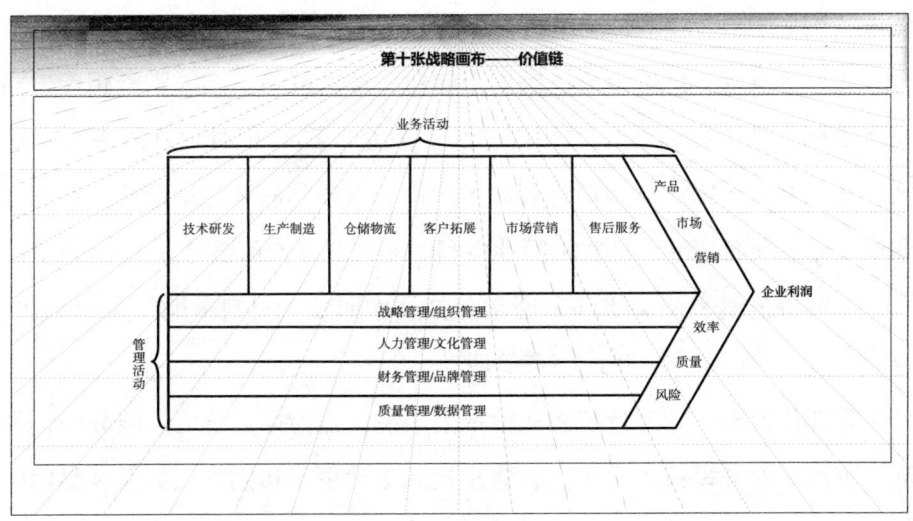

涂鸦"价值链"画布的意义主要有两点：一是理顺诸多管理活动的核心内容由哪些板块构成，这些板块是如何促进企业利润成长的；二是理顺诸多业务活动的核心内容由哪些板块构成，这些板块是如何促进企业利润成长的。

## 一、什么是价值链

价值链的概念最早是由美国知名的咨询公司麦肯锡提出来的，后来迈克尔·波特在20世纪80年代所著的《竞争优势》一书中进行了更为详尽和富有逻辑的论述，至此价值链模型作为一个极其成熟的战略分析工具得以广泛应用。价值链模型的核心价值在于将企业那些零零碎碎的资源、能力、管理活动、业务活动有机地连接起来，并与企业最终的利润目标之间形成了一个富有逻辑关系的价值链条。价值链分析模型能够非常好地帮助企业在一个简单清晰的框架结构中进行由内到外、由表及里的结构性思考。在企业利润目标得以实现的整个价值链模型中，通常我们把这个过程分为相对独立的两个链条，一是业务价值链，二是管理价值链。这两个链条各自包含若干资源、能力和活动，但在企业实际运作的过程中，这两个链条又相互作用和影响，成为不可分割的一个整体。

业务价值链。价值链分析模型中的业务价值链与利润区紧密相连，利润区不同，业务模式也不尽相同。大多数企业都有相对独立的多个利润区，比如格力集团的空调销售利润区和售后服务利润区、主营业务利润区和增值业务利润区等，这些不同性质利润区的业务价值链是完全不同的。

业务价值链上的关键环节通常包括技术研发、材料采购、生产制造、仓储物流、市场营销、售后服务等活动。

管理价值链。管理价值链从根本上来说，是为业务价值链服务的，利润区不同，业务模式也会不同，管理模式当然更不相同。比如保利集团的房地产开发业务、文化艺术业务和军工军品业务，因为三大利润区的业务价值链不同，所以管理价值链也完全不同。管理价值链上的关键环节通常包括人力资源、组织结构、企业文化、信息数据、财务投资、行政后勤等活动。

有一些观点认为企业价值只是由经营活动创造的，和管理活动没有多大的关系。看看很多公司的组织结构图，你就会发现受这种狭隘思想影响的企业无处不在，组织结构图上除了经营条线的采购部门、生产部门、销售部门的建制相对比较完整外，管理条线的其他部门基本上就像一个可有可无的花瓶。

价值链是一个非常成熟的概念，向我们传递了重经营的同时还要重管理的协同思想，经营和管理并不矛盾，经营出效益，管理也能出效益。企业价值的创造不可或缺地都包括两个链条，一是经营链条，二是管理链条，二者不可偏废。

当然，价值链模型中的部分经营活动和部分管理活动是可以外包的，我们可以把非核心的一些辅助活动交由第三方来担当和执行。那么问题就来了，究竟什么环节才是经营链条和管理链条应该关注的核心呢？这不得不提及两个概念，一个是业务模式的概念，另一个是商业模式的概念。

业务模式。业务模式包括4个非常关键的变量，这4个变量是产品领先、成本领先、客户集中化、营销差异化。中国企业的业务模式大多都比较简单，当然我指的是成熟度不太高的中小企业。很多企业的业务模式好像只有一个招数，那就是降价，除了降价，好像什么都不会了。

商业模式。一个企业和上下游利益相关方在价值交换的过程中，有若干商业因素可以进行有机整合，特别是知识产业中的原创、科技、品牌、文化、专利等因素，以及金融产业中的融资、投资、并购、上市等因素。这些因素如果整合得当的话，会成为独树一帜的全新的商业模式中的重要因素。但目前大多数中小企业的商业模式都比较简单，有客观的因素，也有主观的因素。一些企业很喜欢盖工业园区扩大生产线，也有一些企业喜欢抄袭别人的原创，就是不愿意在科技、文化、品牌上下功夫。

## 二、经营价值链中的研发有多重要

在大多数企业的价值链中，一个相对比较完整的经营链条通常包括技术研发、原料加工、产品制造、仓储物流、市场营销等环节，但侧重点各有不同。有些企业价值链的重点是技术研发，企业投入很多研发经费，进行基础性研发，获得了很多技术专利。比如华为，研发费用的投入占比3%以上，目前拥有10万件以上的技术专利。有些企业价值链的重点是市场营销，比如沃尔玛、家乐福、阿里巴巴、京东、苏富比、佳士得等，专注于营销，开了许多分店。有些企业价值链的重点是制造、代工和贴牌，中国之所以被称为制造大国和世界工厂，就是因为很多中国企业价值链的重点就是产品制造，盖一个巨大无比的工业园，利用相对廉价的劳动力为全世界生产服装、鞋帽、箱包、电子、五金、家电等产品。还有一大批企业更是专注于为世界级的企业代工，比如帮苹果代工的富士康、帮耐克和阿迪代工的裕元集团、帮施文自行车代工的捷安特、帮屈臣氏代工的绵俪日化、帮金霸王代工的豪鹏国际等。

很多中国企业不太重视技术研发，一是因为技术研发很烧钱，烧了钱还不一定有产出；二是因为即使投入巨大的研发成功了，申请了技术专利，但还不一定能够得到有效的保护。目前国内很多经营者缺少这方面的意识，即使侵权了，打官司后赔点钱了事，违法成本很低，所以很多企业喜欢仿冒和抄袭，完全不尊重别人的品牌、知识产权和技术专利。这种当跟屁虫的做法，只会让别人瞧不起，也不是企业做大做强做实的正道。

西方工业革命是从1780年开始的，距今已有200多年的历史，这场工业革命不仅给欧美企业带来了巨大的财富，还给这些企业带来了各种各样的先机，比如品牌、专利、客户、资源、技术等，具有先发优势。中国企业从1978年开始紧追慢赶，到现在为止依然还有非常大的差距。

科学技术是第一生产力。从战略的角度来看，这是大多数中国企业的短板。我们应该明白，经营链条中的研发有多重要，多么地不可或缺。没有技术就没有生产力，没有技术就没有竞争力，没有技术就不能做到真正的产品领先。产品落后就意味着步步落后，就意味着低端产业链上的低端制造，就意味着低品质和低价格，就意味着被动和挨打。

## 三、管理价值链上的规范化管理

一个比较完整的管理链条通常包括财务、人力、文化、信息、法务、行政、后勤、工会等环节。管理链条是为经营链条服务的，是不可或缺的一一对应关系。由于大多数中小企业的盈利水平普遍偏低，要全面实现以上诸多管理活动，往往会显得捉襟见肘，甚至有些企业根本就没有这一份预算，能省就省了。即使有些企业进行了人才配置和资金预算，对重经营轻管理的现状来说，加之企业成熟度不够，这两条线，往往也是一种貌合神离各说各话的状态。

假如一个企业在管理链条上一个亮点都没有，始终处于一种粗放的状态，那这个企业很难发展起来。有些企业的财务部门，连账都记不清楚，还谈什么成本分析、财务预算、现金池管理、投融资决策？有些企业的人力资源部，连人都招不来，还谈什么组织建设、绩效管理、员工职业生涯规划、文化建设、中长期激励？有些企业的信息科技部，连OA系统都没有，还谈什么ERP系统、大数据分析、"互联网+"？有些企业的法务部门，连法律常识都没有，还谈什么风险管理、危机管理？有些企业的产品连个像样的包装都没有，还谈什么企业文化？

向管理要效益，不是一句空话，特别是财务条线的资金管理、资产管理、资本管理，人力资源条线的选育用留、满意度管理、忠诚度管理、素质模型建设、企业大学建设，企业文化条线的思想重塑、观念提升、行为建设，IT条线的软件开发、数据共享、信息挖掘等，都需要一个从无到有的过程，一个从僵化到优化的过程。用华为创始人任正非先生的话来讲，管理是任何一个企业都必须要高度关注的，哪怕削足适履，都要进入一个规范化的管理模式。简而言之，就是规范化管理。

# 第十一张战略画布——供应链

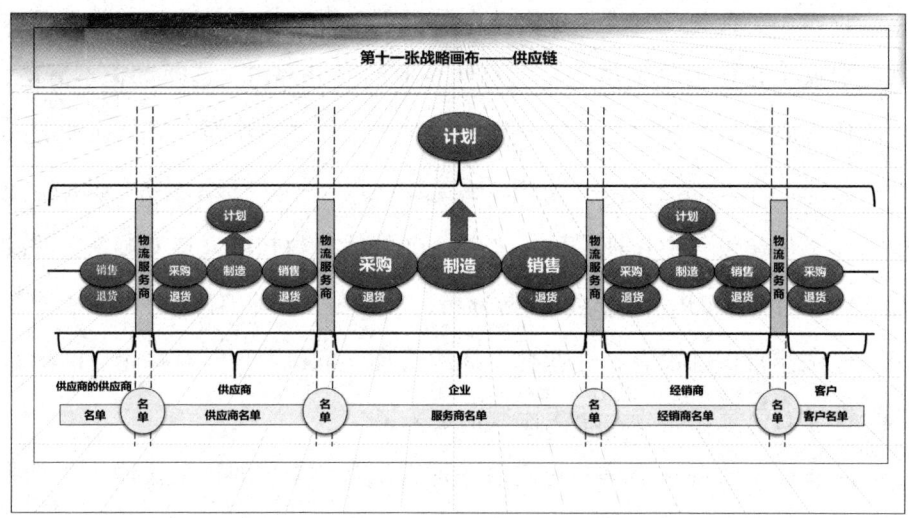

涂鸦"供应链"画布的意义主要有四点:一是理顺企业自身和上游供应商之间的战略等级关系,列出合格供应商名单;二是理顺上游供应商与更上游供应商之间的战略等级关系,即供应商的供应商;三是理顺企业自身和下游经销商之间的战略等级关系,列出合格经销商名单;四是理顺经销商与客户之间的战略等级关系,即客户的客户。

## 一、什么是供应链

供应链是一个非常成熟的管理学概念。狭义的供应链主要包括三个相对独立的环节,第一是面向材料端的物资供应链条,第二是面向制造端的产品集成链条,第三是面向客户端的市场营销链条。这三个环节环环相扣，形成一个密不可分的整体。供应链把材料商、制造商、分销商、零售商等多个企业全部连接在了一起，形成一个完整的大链条。一个有竞争力的供应链是一个不断强化和增值的过程——最好的材料变成了最好的产品，得到了最好的销售。

比如某商家，拥有一批质地非常好的和田籽料，经过雕刻名家加工成之后，和田籽料变成了顶级的艺术品，再经过拍卖行拍出了非常好的价格，这三个环节完整地结合在一起，就形成了拍卖行业的供应链。

再比如某商家有非常好的滩羊皮，经过服装设计师灵巧的双手变成了精美的服装，再经过知名商场卖出了非常好的价格，这三个环节完整地结合在一起，形成了服装行业的供应链。

为什么要谈供应链定位？因为不同的供应链代表着完全不同的品牌、品质、技术、风险、效率和成本。我们经常听到类似"一流的材料、一流的设备、一流的技术、一流的产品、一流的销售"这种话，其中心思想就是供应链定位要追求高大上。市场上最宏观的竞争，其实并不仅仅是某一个点单打独斗的竞争，而是供应链和供应链之间的全面竞争，即不同供应链之间的材料竞争、产品竞争、营销竞争。这几部分叠加在一起就是一个完整供应链和另一个完整供应链之间的综合竞争。比如奔驰汽车和宝马汽车之间的竞争，实际上就是奔驰供应链和宝马供应链之间的竞争，这两条供应链上的零配件供应商、主机厂、4S店，任何一个环节出问题，都会给供应链的整体竞争力带来非常大的影响。

## 二、高田气囊带来的召回事件

2017年春节刚过，高田集团的"杀人气囊"事件全面爆发。在新一轮召回事件中，被迫拖入泥潭并深受影响的车企有斯巴鲁、特斯拉、宝马、大众、戴姆勒、奔驰、法拉利等十多家公司，涉及车辆超过170万辆。最后，斯巴鲁召回82万辆，奔驰召回28万辆，宝马召回26万辆，戴姆勒召回 16 万辆，大众召回 11 万辆，特斯拉召回 6 万辆等。此次召回事件不仅打乱了很多车企正常的运营计划，这些车企还为供应链上的问题企业付出了巨大的经济代价和品牌代价，真是苦不堪言。

高田公司成立于 1933 年，曾与美国天合、瑞典奥托立夫、中国百得利并称为"全球四大安全气囊制造商"。可是为了降低成本，高田公司在安全气囊的气体发生器中使用了完全不合格的爆破原料——硝酸铵。这种爆破原料虽然成本低廉，但长时间暴露在炎热环境和潮湿环境中，非常容易分解和变质，最后导致安全气囊弹出时，力量极不稳定。据公开资料显示，高田气囊因为错误弹出、气囊爆炸等，已经在全球范围内导致 100 多人死亡和数百人受伤的惨况。

高田公司因为安全气囊的质量问题，在过去 20 年时间里，累计召回问题气囊汽车超过 1.2 亿辆。高田公司于 2017 年 6 月承认安全气囊制造过程中的商业欺诈行为，同意支付 10 亿美元的巨额罚款。一系列召回事件和赔偿事件，最终让高田不得不走上申请破产的不归路。次年，高田公司被中国均胜集团旗下的百得利公司全资收购。

## 三、进博会优化了中国企业的供应链

2018 年 11 月 4 日，首届中国国际进口博览会在上海国家会展中心盛大开幕，用熊猫作为吉祥物的进博会，是中国政府主动向世界开放的又一重大举措，对促进全球企业相互之间的经贸交流和深度合作，推动开放性和融合性的世界经济进入深水区，有着无比重要的价值和意义。

据进博会官方数据显示，来自 130 多个国家和地区的 3000 多家企业参加了本次展会，来自世界各国的采购商超过 16 万家。作为全世界第二大商品进口国的中国，本次组团采购的金额更是高达上千亿元，仅上海企业和北京企业的采购金额就接近 200 亿元。总部位于杭州的天猫国际在接受媒体采访时表示公司已在全球成立六大环球采购中心，把全世界最优质的商品通过线上和线下渠道快速引进到国内来。总部位于南京的苏宁控股集团也表示,通过本次展会,至少将向国内引进 1000 种全新的产品和服务。

毋庸讳言,在一定程度上,进博会会优化中国企业的供应链,提升中国企业供应链的质量和水平。当中国企业不再局限于某个狭小的商业空间闭门造车,而是打开心扉,和全世界的卓越企业进行深度合作时,这种做法必定能够让自己站在更具高度的一个平台上。

## 四、如何进行供应链定位

在很多企业业务战略的描述中,我们经常读到类似于"拓展国际化客户、高端客户、集团客户、VIP 客户、优质客户、大客户,放弃低端客户、小客户"等句子,这些句子中关于客户定位的词语本身并没有任何对错之分。这些词语的出现代表着一个企业客户战略的升级,客户战略升级代表着什么呢?当然是质量的升级、效率的升级、服务的升级等,从某种意义上来讲就是供应链升级,企业需要重新进行供应链定位。

一个具有竞争力的价值链,需要以客户的价值导向为焦点,系统性地解决好价值链上的品牌、品质、技术、风险、效率、成本等问题。转化为比较具体的问题就是:如何对材料链条上的传统供应商进行升级换代?如何对制造链条上的传统代工企业进行升级换代?如何对销售链条上的传统销售商进行升级换代?答案是淘汰一批,新选一批,储备一批。在很多企业举办战略工作坊研讨这个问题的时候,笔者经常要求它们胆子再大一点,步子再快一点,否则,企业想要为大客户服务,只会是一个梦想。

# 第十二张战略画布——业务层面的商业模式

| (_____)公司业务名称/商业因素 | | 价值定位 | | | | 价值交易 | | | | | | | | 价值倍增（产品力/品牌力/销售力） | | | | | | | |
|---|---|---|---|---|---|---|---|---|---|---|---|---|---|---|---|---|---|---|---|---|---|
| | | | | | | 交易对象 | | | | 交易平台 | | | 交易顺序 | | | | | | | | | |
| | | 产品价值 | 延伸价值 | 服务价值 | 品牌价值 | 其他价值 | 个人客户 | 公司客户 | 渠道客户 | 政府客户 | 工厂客户 | 线上平台 | 线下平台 | 其他平台 | 先钱后货 | 边钱边货 | 先货后钱 | 质量战略 | 技术战略 | 功能战略 | 品类战略 | 服务战略 | 品牌战略 | 价格战略 | 市场战略 | 客户战略 | 营销战略 |
| 明星业务 | 现状 | | | | | | | | | | | | | | | | | | | | | | | | | | |
| | 创新 | | | | | | | | | | | | | | | | | | | | | | | | | | |
| 金牛业务 | 现状 | | | | | | | | | | | | | | | | | | | | | | | | | | |
| | 创新 | | | | | | | | | | | | | | | | | | | | | | | | | | |
| 山猫业务 | 现状 | | | | | | | | | | | | | | | | | | | | | | | | | | |
| | 创新 | | | | | | | | | | | | | | | | | | | | | | | | | | |
| 瘦狗业务 | 现状 | | | | | | | | | | | | | | | | | | | | | | | | | | |
| | 创新 | | | | | | | | | | | | | | | | | | | | | | | | | | |

涂鸦"业务层面的商业模式"画布的意义主要有三点：一是弄清楚既定业务的价值定位是什么；二是弄清楚既定业务的交易方式是什么；三是弄清楚既定业务的价值倍增方式是什么。

## 一、商业模式公式

经过长期的咨询实践，我们提出了业务层面的商业模式公式的概念，有时候也叫二级商业模式，由三个系统组成：价值定位系统、价值交易系统、价值倍增系统，三者之间的关系是乘法关系。一个业务的商业模式＝价值定位 × 价值交易 × 价值倍增。

价值定位。由于企业的规模不同、行业不同、发展阶段不同，价值定位也会有很大的差异。一个具体业务的价值定位，在产品价值、延伸价值、服务价值、品牌价值这4个维度上并非一定要面面俱到，有所侧重、突出重点、突出亮点，把一两个维度的定位工作做好，就已经非常难得了。

价值交易。价值交易的三个维度（交易对象、交易平台、交易顺序）都极其重要，都需要进行明确的定位。

价值倍增。价值倍增就是对业务战略的十个子战略（质量战略、技术战略、功能战略、品类战略、服务战略、品牌战略、价格战略、市场战略、客户战略、营销战略）进行组合性、协同性、叠加性的定位，形成一个相对完善的组合拳。

## 二、一个杯子的商业模式

一个紫砂杯子从商业模式三个完全独立的维度单独来看，究竟有多少种不同的价值定位呢？有多少种不同的交易结构呢？有多少种不同的价值倍增的业务战略"组合拳"呢？把这三个因素有机地组合在一起，究竟有多少种不同的商业模式呢？

首先，我们来看商业模式的第一个维度。这个杯子有哪些可能性的价值定位呢？下面列出了15种完全不同的价值定位。

- 第一种 A1：喝水价值，这个杯子可以用来喝水。
- 第二种 A2：容量价值，这个杯子的容量大或者容量适中。
- 第三种 A3：设计价值，这个杯子的外观非常漂亮，设计得很好。
- 第四种 A4：工艺价值，这个杯子的制造工艺很复杂，有20道传统工序。
- 第五种 A5：环保价值，这个杯子是绿色环保、健康无污染的产品。
- 第六种 A6：材料价值，这个杯子的紫砂材料非常高端、非常珍贵、非常稀缺。

● 第七种 A7：保健价值，科学证明紫砂杯子对改善水质有极大的好处。

● 第八种 A8：质量价值，这个杯子的质量很好，各种检测指标遥遥领先。

● 第九种 A9：文化价值，这个杯子代表着中国历史悠久的紫砂文化。

● 第十种 A10：名人价值，这个杯子是某知名大师亲手制作的，还有证书。

● 第十一种 A11：品牌价值，这个杯子的品牌是国际知名大品牌。

● 第十二种 A12：纪念价值，这个杯子是专门为纪念大型活动定制的。

● 第十三种 A13：获奖价值，这个杯子获得过各种大奖，很厉害。

● 第十四种 A14：收藏价值，这个杯子非常值得收藏，还有收藏证书。

● 第十五种 A15：科技价值，这个杯子融合了最先进的多项高科技，比如 AI 等。

其次，我们来看商业模式的第二个维度。这个杯子有哪些可能性的交易结构呢？下面列出了交易对象、交易界面、交易收益、交易顺序、交易方式的 20 种交易因素。

● 交易对象 B1：有 5 种，分别是 B2C、B2B、B2D、B2F、B2G。

● 交易界面 B2：有 3 种，分别是线上交易、线下交易、混合交易。

● 交易收益 B3：有 5 种，分别是天价暴利、高价高利、平价薄利、廉价负利、免费模式。

● 交易顺序 B4：有 3 种，分别是先交钱后交货、边交钱边交货、先交货后交钱。

● 交易方式 B5：有 4 种，分别是批发模式 VS 零售模式、连锁模式 VS 单店模式、直销模式 VS 分销模式、货货交易模式 VS 钱货交易模式。

最后，我们再来看商业模式的第三个维度。这个杯子有哪些价值倍增的业务战略"组合拳"呢？比如一流的质量、一流的价格，一流的市场、一流的客户、二流的产品、二流的价格、一流的质量、三流的价格等,起码有好几十种。

- 质量战略 C1:基于领先性、跟随性、低成本、集中化、差异化的业务战略选择思路,有一流质量战略、二流质量战略、三流质量战略之分。
- 技术战略 C2:基于领先性、跟随性、低成本、集中化、差异化的业务战略选择思路,有一流技术战略、二流技术战略、三流技术战略之分。
- 功能战略 C3:基于领先性、跟随性、低成本、集中化、差异化的业务战略选择思路,有一流功能战略、二流功能战略、三流功能战略之分。
- 品类战略 C4:基于领先性、跟随性、低成本、集中化、差异化的业务战略选择思路,有一流品类战略、二流品类战略、三流品类战略之分。
- 服务战略 C5:基于领先性、跟随性、低成本、集中化、差异化的业务战略选择思路,有一流服务战略、二流服务战略、三流服务战略之分。
- 品牌战略 C6:基于领先性、跟随性、低成本、集中化、差异化的业务战略选择思路,有一流品牌战略、二流品牌战略、三流品牌战略之分。
- 价格战略 C7:基于领先性、跟随性、低成本、集中化、差异化的业务战略选择思路,有一流价格战略、二流价格战略、三流价格战略之分。
- 市场战略 C8:基于领先性、跟随性、低成本、集中化、差异化的业务战略选择思路,有一流市场战略、二流市场战略、三流市场战略之分。
- 客户战略 C9:基于领先性、跟随性、低成本、集中化、差异化的业务战略选择思路,有一流客户战略、二流客户战略、三流客户战略之分。
- 营销战略 C10:基于领先性、跟随性、低成本、集中化、差异化的业务战略选择思路,有一流营销战略、二流营销战略、三流营销战略之分。

把上述 3 个维度理顺之后,就可以制定一项业务的商业模式了。商业模式 = 业务价值定位(A1—A15)× 业务交易结构(B1—B5)× 业务战略"组合拳"(C1—C10)。

大多数企业的商业模式都有其一定程度的特殊性、偏好性和差异性。有些企业偏向于强调价值定位，比如西藏冰川矿泉水的价值定位是"5100米海拔原始冰川"、仲景六味地黄丸的价值定位是"药材好，药才好"、农夫山泉的价值定位是"我们不生产水，我们是大自然的搬运工"、思念金牌虾水饺的价值定位是"一只水饺一只虾"等。也有一些企业的业务偏向于强调交易结构的优越性和让利性，比如拼多多的"拼着买更便宜"、百佳超市的"至抵精明眼"、沃尔玛的"天天平价"等。当然，大多数企业的商业模式都少不了业务战略的画龙点睛之笔，比如强调专业、领先、质量、服务、优惠、品牌等。

# 第三章
# 职能战略的三张画布

# 第十三张战略画布——人力资源

| 人力资源要素 | 一个人力资源战略 | 三个人力资源规划 | | | 六大人力资源机制 | | | | | | 九大人力资源系统 | | | | | | | | | 十二项人力资源工作 | | | | | | | | | | | |
|---|---|---|---|---|---|---|---|---|---|---|---|---|---|---|---|---|---|---|---|---|---|---|---|---|---|---|---|---|---|---|---|
| | | 数量规划 | 素质规划 | 政策规划 | 用人机制 | 责任机制 | 分配机制 | 考核机制 | 成长机制 | 约束机制 | 组织职位系统 | 任职资格系统 | 招聘甄选系统 | 人才发展系统 | 绩效管理系统 | 薪酬福利系统 | 股权激励系统 | 员工关系系统 | 企业文化系统 | 工作内容优化 | 流程制度优化 | 人员需求规划 | 员工职业规划 | 员工培训规划 | 面试甄选 | 绩效合同 | 绩效考核 | 绩效激励 | 员工关系 | 情压管理 | 文化建设 |
| 现状 | | | | | | | | | | | | | | | | | | | | | | | | | | | | | | | |
| 未来 | | | | | | | | | | | | | | | | | | | | | | | | | | | | | | | |

涂鸦"人力资源"画布的意义主要有五点:一是对企业的人力资源战略进行澄清;二是对企业的人力资源规划进行梳理;三是对企业的人力资源机制进行定位;四是对企业的人力资源系统进行创新;五是对企业的非人力管理工作进行完善。

## 一、为什么是华为

为什么国内首屈一指的高科技公司是华为?为什么华为能在 5G 领域遥遥领先于其他竞争对手?笔者试图只从人力资源的角度来进行分析。从华为发布的 2019 年财报中的相关数据可以看到,截至 2019 年 12 月底,华为员工超过 19 万人,拥有股权的人数为 96768 人,创始人任正非先生的持股比例只有 1.14%。数据显示，华为 2018 年的分红总额为 240 亿元，按股份来计算的话，每股净利为 2.61 元；按人数来计算的话，96768 人分掉 240 亿元这个大蛋糕，平均每个人可以分到 26.6 万元。

根据华为 2018 年的财报显示，华为员工的平均年薪为 110 万元，比 2017 年的平均年薪 70 万元大涨了 57%。

任正非曾在接受央视采访时非常骄傲地说，任何人都打不倒华为，因为华为至少拥有 700 名数学家，800 名物理学家，120 名化学家，6000 名基础研究专家，6 万名高级工程师。这些优秀的人才是华为的核心竞争力，是几十年日积月累培养出来的，花了上千亿元的钱，其他任何企业在短时间内根本无法复制出这么多人才出来。

## 二、人力资源模型

基于长期的理论研究和咨询实践，我们建立了一个以人才战略为核心的多环人力资源管理模型，一个圆心三个外环，四个外环部分的内容相对独立，但从整体运行上又由表及里，相互支撑，终成一统。用最简单的一句话将这个模型表达出来就是一三六九，即一个战略、三个规划、六大机制、九大系统。

一个战略指的是人力资源战略，人力资源战略是企业非常重要的职能战略之一，在众多职能战略中算是数一数二、重中之重的战略。人力资源战略指的是企业为了高度支持总体战略和业务战略的实现，通过一系列综合性的选育用留手段，把员工培养成有理想、高能力、高意愿、高绩效团队的相关策略。人力资源战略从本质上来说，就是员工价值最大化的开发、管理、运营策略。价值最大化是企业最终追求的结果，开发、管理、运营是三种非常重要的手段。

三个规划指的人力资源数量规划、人力资源素质规划、人力资源政策规划。第一，人力资源数量规划指的是企业在人员数量上的规划，即需要多少人。数量规划有三个维度需要同时考虑：一是时间维度，即短期、中期、长期各需要多少；二是层级维度，即基层、中层、高层各需要多少人；三是职族维度，即管理、专业各需要多少人。第二，人力资源素质规划指的是企业在员工能力素质上的规划，即需要什么样的人？素质规划有三个维度需要同时考虑，一是知识，二是能力，三是行为。第三，人力资源政策规划指的是企业在开发管理运营政策上的规划，即需要什么样的政策。政策规划有三个方面需要同时考虑，一是开发政策，二是管理政策，三是运营政策。

六大机制指的是企业的用人机制、责任机制、分配机制、考核机制、成长机制、约束机制。这些问题对人力资源战略来说，就是一个使之具象化和清晰化的过程，对六大机制的认识不同，代表着人力资源战略的理念、思想、关键内涵完全不相同。

九大系统指的是组织职位系统、任职资格系统、招聘甄选系统、人才发展系统、绩效管理系统、薪酬福利系统、股权激励系统、员工关系系统、企业文化系统。在人力资源具体内容的功能属性划分上，相较于传统的3P系统或六大板块的划分方法，九大系统的划分方法是完全不同的。我们认为九大系统的划分方法更加科学和合理，也更加精细化。

## 三、人力资源战略

前面已经提及过，人力资源战略简而言之就是员工价值最大化的开发、管理、运营策略。这个定义中的关键词有两个，一是员工价值最大化，二是策略。所以，我们在制定人力资源战略时，首先需要制定一系列相关指标来衡量员工价值的实现水平。那么一个企业的员工价值到底可以最大化到什么程度呢？我们一起来看几组数据。

2019年，在世界500强企业的榜单上，美国企业上榜126家，中国企业上榜120家。美国126家企业的总营业额为71623亿美元，总利润为

6564亿美元，平均每个企业的营业额是704亿美元，利润是52亿美元；中国120家企业的总营业额为88816亿美元，总利润为3686亿美元，平均每个企业的营业额是596亿美元，利润是31亿美元。从上述数据可以看出，与500百强以内的美国企业相比，中国企业在营业额和利润指标上的差距是非常大的。

我们再来看一组2019年中国本土六大建筑央企的人均营收数据。中国交建402万元，中国建筑390万元，中国铁建272万元，中国中冶244万元，中国中铁242万元，中国电建150万元，人均营收最高的中国交建是最低的中国电建的2.68倍。

我们再来看一组2019年中国本土BAT的人均营收数据和人均利润数据。在美国上市的陌陌人均营收193万元，人均利润45万元；在中国香港上市的腾讯人均营收139万元，人均利润40万元；在美国上市的阿里巴巴人均营收87万元，人均利润34万元；在美国上市的百度人均营收45万元，人均利润9万元。人均营收较高的陌陌是百度的4.3倍，人均利润较高的陌陌是百度的5倍。

要实现员工价值最大化，在地区或者行业中成为佼佼者，企业究竟该怎么做呢？这涉及人力资源战略定义中的另外三个关键词：开发、管理、运营。也就是说，我们在制定人力资源战略时，除了确定人力资源战略目标之外，还需要明确实现目标的手段和策略，究竟以什么为主，总应该有个侧重点。

人力资源开发的概念最早是由美国学者纳德勒提出来的，着眼点是人，指的是通过有效的教育、培训、学习等综合性手段，达成员工能力、意愿双丰收的目的。这里的能力和意愿主要指的是一个人的知识结构、智力水平、技能水平、技术等级、工作经验、工作潜力、工作活力、行为特征、思想观念、信仰追求等内容。人的能力和意愿在理论上都是无限的，开发得好就能实现员工价值最大化。人力资源开发的对象可以是一个人，也可以是一个团队，对知识型员工和非知识型员工、高层和中层、管理人员和专业人员来说，人力资源开发的方式是完全不同的。

人力资源管理的概念与西方工业革命的萌芽和兴起完全同步，任何经营活动都需要管理活动来保障和支持。反过来讲也是一样的，任何管理活动从本质上来讲都是为经营活动服务的。人力资源管理的内涵随着经营模式的变化也在不断丰富和升级，传统人事管理只有选、育、用、留这四项非常简单的工作，专业导向型的人本管理的内容相对丰富很多，而战略导向型的人才管理的内涵更加丰富多彩。

人力资源运营的概念与上述两个概念完全不同。人力资源运营的概念主要是从投入和产出的角度来牵引和评估人力资源的相关工作，甚至把人力资源部门当作一个完全独立的利润中心来衡量。基于人力资源经营的概念，有很多经营性的指标是可以考核人力资源部的，比如人均产值、人均利润、薪酬总额、福利费用、绩效奖金、培训费用、核心投入产出比、员工流失率、员工满意度、敬业度、忠诚度等这些重要的指标。

当然，我们还可以从更加细致的角度来制定人力资源战略。比如：从数量的角度来看，有扩张型人力资源战略和收缩型人力资源战略之分；从财务的角度来看，有投资型人力资源战略和成本型人力资源战略之分；从获取的角度来看，有培养型人力资源战略和引进型人力资源战略之分；从激励的角度来看，有高激励型人力资源战略和低激励型人力资源战略之分；从人才的角度来看，有士兵型人力资源战略和将军型人力资源战略之分；从用人的角度来看，有保健型人力资源战略和淘汰型人力资源战略之分；从专业的角度来看，有事务型人力资源战略和战略增值型人力资源战略之分等。

受企业总体战略和人力资源供给环境、法律法规环境的直接影响，人力资源战略大多都是阶段性的。处于萌芽期、成长期、成熟期、衰退期、再生期等不同阶段的企业，人力资源战略的侧重点完全不同，往往差异性也非常大。

## 四、人力资源规划

在人力资源战略和相关目标确定之后，有3个人力资源规划可以帮助人力资源战略进行有效的落地和承接。这3个规划分别是人力资源数量规划、人力资源素质规划、人力资源政策规划。

人力资源数量规划要解决的问题就是人头数的问题。为了满足总体战略和业务战略相关目标的实现，人力资源数量规划需要根据工作分析法、劳动生产率法、标杆法、工作饱和度管理等解决好这个问题，并给出明确的答案——企业在未来需要多少人？1年需要多少人？3年需要多少人？5年需要多少人？基层需要多少人？中层需要多少人？高层需要多少人？管理职族需要多少人？专业职族需要多少人？

人力资源素质规划要解决的问题就是员工的工作水平问题。为了满足总体战略和业务战略相关目标的实现，人力资源素质规划需要根据任职资格标准、人岗匹配度评估等方法来解决好这个问题，并给出明确的答案——员工需要什么样的知识？需要什么样的能力？培养什么样的行为？

人力资源政策规划要解决的问题就是人的管理问题。为了满足总体战略和业务战略相关目标的实现，人力资源政策规划需要明确给出答案——激活员工需要什么样的分配政策？考核政策还是激励政策？

## 五、人力资源机制

在企业的人力资源战略和三大人力资源规划确定之后，还需要对人力资源六大机制，即用人机制、责任机制、分配机制、考核机制、成长机制、约束机制进行明确的回答，回答不同，代表企业人力资源的顶层设计也完全不同。在这里需要特别强调一下，人力资源系统既要强调特殊性，也要强调普遍性。虽然企业与企业之间存在较大的差异，但大多数企业的人力资源开发管理和运营的理念是完全相通的。企业的做法应该符合管理学的基本原则，比如马斯洛的层次需求理论、赫茨伯格的双因素理论、麦格雷戈的人性理论、奥卡姆的剃刀理论等。

用人机制：企业用人的基本理念是什么？用什么样的人？如何用人？一些企业的用人机制是铁饭碗机制，强调论资排辈，不管什么样的媳妇最终都能熬成婆；一些企业的用人机制是合同制，强调德才兼备，能者上庸者下，打破铁饭碗，打破终身制；也有一些企业的用人机制比较偏执，走火入魔到极其单一的品德论、学历论、资历论、绩效论的诸多怪圈中。

责任机制：如何提升员工的责任感？如何将口头上的责任感落到实处？如何真正让员工有主人翁心态而不是打工仔心态？一些企业通过企业文化活动来提升员工的责任感，一些企业通过岗位说明书的细化来强化员工的责任感，一些企业通过流程制度的规范来落实员工的责任感。这些方法可不可以？当然可以。好不好？不一定。因为上述方法所提及的责任都是定性的，不是量化的，不能准确地进行衡量和评估。有一种责任机制，是量化的，通过若干个量化而精准的关键绩效指标（KPI）来明确员工的责任，上下级之间有绩效合同，而且这种契约式的绩效合同需要双方签字，还和薪酬体系严格挂钩。

分配机制：企业在财富创造的过程中如何做到投资者获利、贡献者获奖、偷懒者受罚？如何实现分配机制的激励功能？一些企业的分配机制是典型的大锅饭，做好做坏一个样，做多做少一个样；一些企业的分配价值是典型的独木桥，只有升官才能发财，只有高职位才能有高薪酬，除了管理职族的薪酬通路没有其他任何专业职族的薪酬通路，导致千军万马非去要挤管理独木桥不可；一些企业的分配机制是高激励低保底，激励部分的薪酬比例很高，甚至超过80%；一些企业的分配机制是高保底低激励，保底部分的薪酬比例很高，甚至超过90%。有一种分配机制，是建立在岗位价值评估和宽带薪酬基础之上的，着眼于责任、能力、绩效这三大因素，还兼顾短期、中期、长期，能相对公平客观地解决好企业的分配机制问题。

考核机制：没有评价就没有管理，如何考核组织绩效、部门绩效、员工绩效？如何设置考核指标？如何合理应用考核结果？如何实现考核机制的激励功能？一些企业考核的是对人不对事的德能勤廉指标，一些企业考核的是对事不对人的工作绩效指标，一些企业考核的是迟到早退指标，一些企业考核的是财务指标。有一种考核机制，是建立在战略地图基础之上的，着眼于沟通、辅导、面谈、激励、改善等多个维度的管理功能的发挥，是相对较好的一种考核模式。

成长机制：企业如何帮助员工成长？一些企业通过教育培训的方式来帮助员工成长，一些企业通过师傅带徒弟的方式来帮助员工成长，一些企业通过基层实习、轮岗、分管副职的方式来帮助员工成长。有一种成长机制，是建立在能力素质模型基础之上的，结合721学习法则（课程学习、行动学习、参观游学），是相对比较好的一种成长机制。

约束机制：对不合格员工如何进行约束甚至淘汰？一些企业前怕狼后怕虎，从来不敢对问题员工降岗降职，更不敢淘汰任何人。一些企业敢作敢当，基于民主评议和绩效考核的相关内容，对排名末位的员工降职降级，甚至直接下岗，培训合格后再重新上岗，如果屡教不改的话，则启动末位淘汰程序。

## 六、人力资源系统

在一个战略、三个规划、六大机制都确定之后，还需要对人力资源九大系统即组织职位系统、任职资格系统、招聘甄选系统、人才发展系统、绩效管理系统、薪酬福利系统、股权激励系统、员工关系系统、企业文化系统进行全面建设，并将相关工作落到实处。

组织职位系统主要包括法人治理结构、组织结构、管控模式、部门职能、岗位说明、定编定岗定员、职族职等职级等内容，通过组织职位体系的建设，实现结构合理、权责明晰、配置合理的状态。

任职资格系统主要包括建模、测评、应用3个部分。建模就是建立基础资格标准、关键能力标准、关键行为标准，测评就是进行人岗匹配度的综合性评估，应用就是将测评结果有效地应用到人力资源相关板块中。通过任职资格体系的建设，为人才发展提供清晰而明确的标准。

招聘甄选系统主要包括简历筛选、结构化面试、试用期管理等内容，招聘途径主要有校园招聘、社会招聘、定向猎头、内部选拔等方式，通过招聘甄选体系的建设，及时而准确地找到最想要的优秀人才。

人才发展系统主要包括基于素质模型的测评、基于测评结果的中长期规划、基于全面规划的有效培训。以上3项工作都可以纳入企业大学来执行。企业大学包括实体学校、师资队伍、课程体系等内容。实体学校指的是教室、设备、设施、办学资质等，师资队伍指的是内部师资和外部师资等，课程体系指的是教育训练的相关内容。通过企业大学的建设，为企业的人才培养建立一个长期的、永续的机制。

绩效管理系统主要包括战略地图、绩效指标词典、绩效考核表、绩效计划、绩效评价、绩效激励、绩效改善等内容。通过绩效管理系统的建设，达到承接战略、量化评价、闭环沟通、有效激励、持续改善的管理功能。

薪酬福利系统主要包括岗位价值评估、薪酬通路设计、外部薪酬调查、薪酬结构设计、薪酬数据套算等内容。通过薪酬福利体系的建设，达到分配功能、保健功能、激励功能的完美结合。

股权激励系统主要包括激励模式设计、激励对象确定等内容。通过股权激励系统的有效建设，达到长期激励、留住人才的良好效果。

员工关系系统主要包括劳资关系、法律关系、异动关系、满意度、敬业度、忠诚度等内容。通过员工关系系统的建设，达到合规合法、和谐健康的良好状态。

企业文化系统主要包括理念系统、行为系统、标识系统等内容。通过企业文化系统的建设，达到信念清晰、人心凝聚、士气高昂的状态。

## 七、非人力资源部的人力资源管理

人力资源工作并非全部都由人力资源部来完成，有些比较基础工作可以由直线经理来承担，经过长期的管理实践，我们将比较常见的十二项非人工作列举如下。

一、工作内容优化：在不改变组织模式的前提下，对部分部门或岗位内的工作项目进行增加、减少或合并，适度优化。

二、流程制度优化：在不改变一级二级流程制度的前提下，对部分部门或岗位内的流程制度进行增加、减少或合并，适度优化。

三、人员需求规划：根据部门所承担的战略目标，定期提出部门短期、中期、长期的人力资源需求规划，交人力资源部归口汇总。

四、员工职业规划：根据人力资源盘点的结果，对员工进行有针对性的全职业生涯规划，包括在岗发展、转岗发展、转型发展等，交人力资源部归口汇总。

五、员工培训规划：根据能力素质测评结果，对员工进行有针对性的培训规划，包括自我学习计划、在岗培训计划、储备培训计划等，交人力资源部归口汇总。

六、面试甄选：协助人力资源进行一面工作（简历筛选）、二面工作（能力素质的结构化面试），独立完成三面工作（关键因素的最终确定）。

七、绩效合同：独立完成部门内员工绩效合同的编制、审核和下达。

八、绩效考核：独立完成部门内员工的月度考核、绩效考核、年度考核。

九、绩效激励：独立完成部门内员工考核分数与绩效工资的挂钩核算，独立完成根据员工考核分数所进行的强行排序，相关结果交人力资源部归口执行。

十、员工关系：独立完成部门内部分员工的员工关系管理，包括选拔、评聘、劳动合同续签、奖惩、岗位调动等。

十一、情压管理：协助人力资源部进行员工情绪和压力管理，包括定期测评、解读、合理化建议等。

十二、文化建设：协助人力资源部进行总体企业文化的落地建设，以及部门文化的建设，比如具有部门特色的运动文化、学习文化、绩效文化等。

## 第十四张战略画布——绩效管理

| 绩效管理要素 | 绩效思想 | | | | | | | | | | | | 绩效功能 | | | | 绩效指标 | | | 绩效架构 | | | | | 绩效体系 | | | 绩效沟通 | | | 绩效激励 | | | | |
|---|---|---|---|---|---|---|---|---|---|---|---|---|---|---|---|---|---|---|---|---|---|---|---|---|---|---|---|---|---|---|---|---|---|---|---|
| | 聚焦战略 | 量化目标 | 抓大放小 | 过程计划 | 沟通辅导 | 数据评价 | 结果导向 | 奖优罚劣 | 优胜劣汰 | 持续改善 | 全员参与 | 形成合力 | 承接战略 | 量化评价 | 闭环沟通 | 有效激励 | 战略指标 | 任务指标 | 素质指标 | 集团绩效 | 公司绩效 | 部门绩效 | 项目绩效 | 员工绩效 | 绩效流程 | 绩效制度 | 绩效表单 | 绩效前沟通 | 绩效中沟通 | 绩效后沟通 | 工资激励 | 奖金激励 | 红利激励 | 职位激励 | 评优激励 |
| 现在 | | | | | | | | | | | | | | | | | | | | | | | | | | | | | | | | | | | |
| 未来 | | | | | | | | | | | | | | | | | | | | | | | | | | | | | | | | | | | |

涂鸦"绩效管理"画布的意义主要有七点：一是定位清楚企业该选择什么样的绩效管理思想；二是定位清楚绩效管理要发挥哪些主要的管理功

能；三是定位清楚企业该选择什么样的绩效指标来进行考核；四是定位清楚企业该选择什么样的绩效层级结构；五是理顺绩效管理体系的表现方式有哪些；六是理顺绩效管理的沟通机制有哪些；七是理顺绩效管理的激励挂钩方式有哪些。

## 一、什么是第三代绩效管理

什么是第一代绩效管理？第一代绩效管理就是重考核、轻管理的考评系统。什么是第二代绩效管理？第二代绩效管理就是重考核、重管理的考评系统，简称"两重"。什么是第三代绩效管理？第三代绩效管理就是重考核、重管理、重战略的考评系统，简称"三重"。

很明显，这三代绩效管理有着本质的不同。

第一代绩效管理没有什么实质内容，比较虚，甚至有点为考核而考核的味道。所以，笔者经常把第一代绩效管理说成"定、打、分"系统。第一代绩效管理的特点是能省掉的一切环节都省掉，最后留下来的是实在省不掉的3个字——定、打、分。定指的是定指标，打指的是打分数，分指的是分奖金，定指标、打分数、分奖金这3个词语其实和绩效管理这个词语一点儿关系都没有。笔者在一些企业做咨询时，看过一些比较粗放的考核表，什么内容也没有。传统套路就是每年年初的时候，人力资源部为关键部门和关键岗位定几个指标，用责任状的方式签下去，中间没有任何绩效沟通和绩效辅导过程，年底了再把考核表拿出来，把分数打出来，作为计算奖金的依据，仅此而已。对所说的第一代绩效管理，有几个问题需要用心讨论一下。第一个问题是：考核指标是如何定出来的？逻辑在哪里？和战略有什么关系？很多企业是拍脑袋拍出来的，有工作导向的指标KPI，有行为导向的指标KCI，混在一起，像个大杂烩一样。第二个问题是：绩效分数是如何打出来的？有明确的绩效数据作为打分依据吗？这些数据是谁提供的、谁审核的？定量指标的分数是如何打出来的？计算公式是什么？定性指标的分数是如何打出来的？打分的原则是什么？很多企业打分的过程就是一笔糊涂账，完全经不起推敲。很多工作不考核还好，一考核，上下级之间各种尖锐的矛盾和问题都来了，吵得不行。第三个问题是：奖金是如何计算出来的？绩效分数和绩效系数是如何转换的？公司绩效奖金的总额要控制吗？如何控制？奖金核算是单挂钩模式、双挂钩模式还是三挂钩模式？个人奖金要封顶和保底吗，为什么？很多企业的做法"就是排排坐吃果果"，轮流坐庄，今年你拿第一名，明年他拿第一名，后年我拿第一名，完全失去了绩效考核的意义，让人哭笑不得。

第二代绩效管理与第一代绩效管理有着本质的不同，多了一个词语"重管理"。重管理这个词语是如何体现出来的呢？有三点：第一点是平衡计分卡这个工具的导入。平衡计分卡的导入，从相当大程度上解决了绩效指标的逻辑性问题和规范性问题，但并没有完全解决。第二点是过程性管理活动的导入。比如绩效沟通、绩效辅导、绩效面谈、持续改善等管理活动的导入，使得绩效管理变得更加丰富和更加具体，有了明显的抓手。第三点是绩效教练的培养。这使得绩效管理和日常管理得以完全融合。所以有时候绩效管理，对高层领导说，就是战略落地、全程沟通、管高度；对中层干部来说，就是承上启下、持续攻坚、管难度；对基层干部来说，就是日常管理、基础管理、管细度。

第三代绩效管理与第二代绩效管理也有着本质的不同，多了一个词语"重战略"。很明显，第三代绩效管理把战略当作绩效管理系统极其重要的组成部分。绩效管理的唯一焦点就是战略，虽然绩效管理并不会跨界去做一份所谓战略，但没有明确正式的战略规划报告作为战略地图和指标词典的输入，这样的绩效管理就不是真正意义上的第三代绩效管理。

## 二、绩效管理的五大功能

绩效管理系统很像一个人的心血管系统,心脏将带有各种养料的血液,从左心室出发,通过动脉泵至全身各处的每一条血管中,血液中的养料和每一个组织细胞进行充分的物质交换,交换完成后,心脏将带有各种代谢物质的血液,通过静脉再泵回到右心室,血液中的代谢垃圾通过肝脏系统和肾脏系统排出体外。如果再做一个类比的话,绩效管理系统就像生生不息的心脏,一直不停地工作,没有停下来的时候。被心脏沿着动脉泵出去的血液就像各种有价值的绩效指标,被心脏沿着静脉泵回来的血液就像各种已量化的绩效数据,年复一年,循环往复,像永动机一样,永不停止。

一个完整的绩效管理系统主要由三部分组成,分别是指标词典、绩效手册、绩效教练,简称"绩效管理铁三角"。指标词典是一个含有几百个标准绩效指标的大仓库,由战略性关键绩效指标(KPIs)、基础性关键绩效指标(KPIp)、能力素质指标(KCI)这三种指标汇聚构成。绩效手册是一个指导绩效管理工作如何开展的实操文件,由流程、制度、表单、模板构成,是正式的规章制度。绩效教练指的是通过严格考核,取得了执业资格的管理干部。绩效教练具备了评价绩效管理的四大能力:评价能力、激励能力、沟通能力、改善能力。

爱一个人,就让他去做绩效管理吧,因为好的绩效管理就是天堂。恨一个人,也让他去做绩效管理吧,因为坏的绩效管理就是地狱。当然,这是开玩笑的一句话。那么一个好的绩效管理系统应该发挥什么样的功能呢?基于长期的管理实践,我们将第三代绩效管理的价值归纳为五大功能,分别是承接战略、量化评价、闭环沟通、有效激励、持续改善。

绩效管理的第一个功能是承接战略。一个企业的战略规划报告放在保险柜里，不具有任何现实意义，战略必须落地才有价值。战略在落地的过程中，和很多二级系统都具有强相关的关系，比如组织系统、流程系统、人才系统、薪酬系统、股权系统等，当然和绩效系统也具有强相关的关系。第三代绩效管理的真诚之处在于心无旁骛、聚精会神，只有一个焦点，就是战略，能够把战略转化为战略地图，并分解成数百个一脉相承的关键绩效指标，再科学合理地传递到组织系统的各个层面上去。一些企业的绩效指标，存在一个很严重的问题是，和战略之间没有必然的逻辑关系，东一榔头西一棒子，这会导致绩效管理的焦点很模糊。当绩效管理的焦点和战略本身的焦点错位时，绩效管理的价值就已经失去一大半了，这样的话，还不如不做。

绩效管理的第二个功能是量化评价。量化是绩效管理的难点，追求量化是绩效管理最永恒的话题之一，当然这是一个很朴素的追求。量化依赖于两个关键词，一个是指标的量化，需要进行指标库的建设；另一个是数据的量化，需要进行数据库的建设。如何从定性指标走向定量指标？这需要依靠大量的指标提取工具来实现指标的量化，当指标库中的全部指标的量化比例达到 80% 以上时，才叫实现了指标量化。如何从主观评价走向客观评价？这需要大量的原始数据、分析数据、逻辑推演数据作为绩效评价的基础，当数据库能为全部量化指标提供清晰明确的数据、报表、报告时，才叫实现了绩效管理的客观评价。定性指标的最大问题在于评价模糊，量化指标的有效价值在打分精准。主观评价的最大问题在于依靠人的感觉，这很容易导致印象偏差，评分失真；客观评价的有效价值在于用数据说话，数据是真实的，不会撒谎。

绩效管理的第三个功能是闭环沟通。闭环沟通指的是绩效前、绩效中、绩效后这三个环节所对应的沟通，分别是事前沟通、事中沟通、事后沟通。高质量的沟通是绩效管理的一片沃土，通过良好的沟通，达到指标出得去、信息回得来的效果。事前沟通的目的在于上下级双方对绩效指标的下达达成共识，双方可能会有一个所谓讨价还价的过程，这很正常。事中沟通的目的在于强化过程管理，通过一系列高频度的沟通、辅导、面谈来化解各种绩效指标落地过程中的危机，及时发现，及时解决。事后沟通的目的在于总结过去，展望未来，亡羊补牢为时不晚，在下一个绩效周期中，把工作做得更好。

绩效管理的第四个功能是有效激励。激励有两条主线：一条主线叫经济杠杆，主要以物质激励为主，比如绩效工资、奖金等；另一条主线叫非经济性杠杆，主要是精神激励为主，比如评优、获得更多的成长机会等。按照激励水平，又可以将激励方式划分为负激励、零激励和正激励三种做法。负激励指以处罚为主的挂钩方式，是一种非常负面的手法；零激励指做好做坏都一样，大锅饭的做法；正激励指以奖励为主的挂钩方式，是一种非常正面的手法。正激励还可以进一步细化，分为低激励、中激励、高激励3个等级。大量的研究数据显示，企业应该采取正激励为主、负激励为辅的激励模式，才能最大化调动员工的积极性。

绩效管理的第五个功能是持续改善。绩效没有终点，绩效既是做出来的，也是持续不断改善出来的。当组织绩效或者个人绩效不够好的时候，上级领导必须积极主动地介入，进入深水区，查找出绩效障碍的主要症结，运用相关工具制订出切实可行的绩效改善计划，否则，长期的低绩效将会带来一系列严重的后遗症。

## 三、绩效管理的实施技巧

绩效管理是欧美企业自工业革命以来的一种成功实践，接受绩效管理首先要接受其管理思想。绩效管理的主要思想包括聚焦战略、量化目标、抓大放小、过程计划、沟通辅导、数据评价、结果导向、奖优罚劣、优胜劣汰、持续改善、全员参与、实现三力等。不论从主观思想上来看，还是从客观实践上来看，要实施好绩效管理，达到承接战略、量化评价、闭环沟通、有效激励、持续改善的功能，都是一个漫长的思想解放、思想碰撞、行动革命的过程。

在长期的咨询工作中，笔者将绩效管理系统总结成两句话，算是一些心得吧！第一句话是：指标很重要，比指标更重要的是工具，比工具更重要的是平台，比平台更重要的是顶层设计，比顶层设计更重要的是员工激活，比员工激活更重要的是绩效教练，比绩效教练更重要的是员工发展，比员工发展更重要的是战略实现。第二句话是：很多企业绩效管理的失败，其实并不是绩效管理这个工具的失败，而是战略规划、指标提取、体系设计、推动执行过程中的失败，出现了伪战略、伪思想、伪系统、伪指标、伪沟通、伪考核、伪激励、伪改善、伪管理。任何一个环节出错，都有可能导致绩效管理漏洞百出，满盘皆输。

关于绩效管理体系的推动实施技巧，我们有一句顺口溜，叫"两手抓，分步走，成三力"。所谓两手抓，指的是一手抓体系建设（绩效指标词典、绩效管理手册），一手抓能力建设（绩效管理师的培养）；分步走指的是组织绩效和个人绩效的推动最好分作两个阶段来展开，不要胡子眉毛一把抓，最好是在组织绩效的实施成熟之后再推行个人绩效，用时间换空间；成三力指的是让绩效管理体系具备强大的牵引力、推动力，除此之外，还要让绩效管理系统在员工的心目中得到认可，落地生根，发生化学作用，产生内驱力，员工自己愿意去做。

# 第十五张战略画布——财务管理

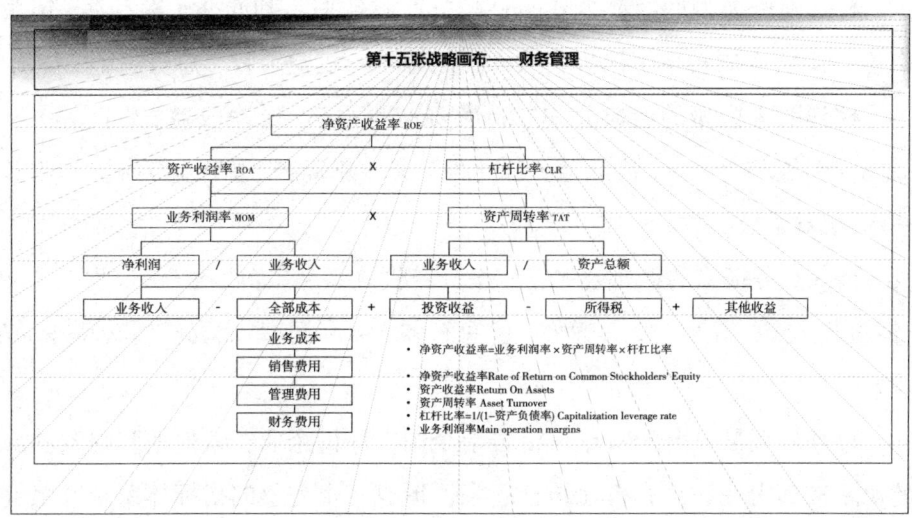

涂鸦"财务管理"画布的意义主要有四点:一是计算出企业的资产周转率是多少,分析是否还有改善的空间;二是计算出企业的主营业务的利润率是多少,分析是否还有改善的空间;三是计算出企业的杠杆比率究竟是多少,分析是否还有改善的空间;四是计算出企业的净资产收益率是多少,分析是否还有改善的空间。

## 一、什么是杜邦财务模型

杜邦财务模型是一个评价企业盈利能力、企业资产周转率、股东权益回报水平的经典财务工具。杜邦财务模型利用几种主要的财务比率之间的关系,综合性地分析企业的财务状况。这种分析方法最早由美国杜邦公司使用，所以叫作杜邦财务模型。杜邦财务模型的基本思想是将企业净资产收益率逐级分解为多项财务比率乘积，这样有助于深入分析比较企业经营的业绩。

杜邦财务模型说明企业净资产收益率受三类因素影响：一是企业的盈利能力，用利润率来衡量；二是企业的营运能力，用资产周转率来衡量；三是企业的财务杠杆，用权益乘数来衡量。

杜邦财务模型的经典公式一：净资产收益率＝利润率（净利润／销售收入）× 资产周转率（销售收入／总资产）× 权益乘数（总资产／权益）。

杜邦财务模型的经典公式二：净资产收益率＝（净收益／总权益）×（总资产／总资产）＝（净收益／总资产）×（总资产／总权益）＝资产收益率 × 权益乘数。

杜邦财务模型的经典公式三：净资产收益率＝（净收益／销售收入）×（销售收入／总资产）×（总资产／总权益）＝利润率 × 资产周转率 × 权益乘数。

杜邦模型最显著的特点是将若干个用以评价企业经营效率和财务状况的比率按其内在联系有机地结合起来，形成一个完整的指标体系，并最终通过权益收益率来综合反映。采用这一方法，可使财务比率分析的层次更清晰、条理更突出，为报表分析者全面、仔细地了解企业的经营和盈利状况提供方便。

杜邦财务模型有助于企业管理层更加清晰地看到净资产收益率的决定因素，以及销售净利润率与总资产周转率、债务率之间的相互关系，给管理层提供了一张明晰的考察公司资产管理效率和是否实现股东投资回报最大化的路线图。

## 二、杜邦财务模型的三个核心指标

杜邦财务模型包括三个核心财务指标，一是净资产收益率，二是总资产周转率,三是权益乘数。

净资产收益率是一个综合性最强的财务分析指标,是杜邦分析系统的核心。

总资产周转率是反映总资产的周转速度的指标。对资产周转率的分析,需要对影响资产周转的各因素进行分析,以判明影响公司资产周转的主要问题在哪里。销售净利率反映销售收入的收益水平。扩大销售收入,降低成本费用是提高企业销售利润率的根本途径;而扩大销售,同时也是提高资产周转率的必要条件和途径。

权益乘数表示企业的负债程度,反映了公司利用财务杠杆进行经营活动的程度。资产负债率高,权益乘数就大,这说明公司负债程度高,公司会有较多的杠杆利益,风险也高;反之,资产负债率低,权益乘数就小,这说明公司负债程度低,公司会有较少的杠杆利益,但相应所承担的风险也低。

杜邦财务模型中几种主要的财务指标关系为:净资产收益率=总资产净利率×权益乘数=销售净利率×总资产周转率×权益乘数。其中销售净利率=净利润/销售收入,总资产周转率=销售收入/平均资产总额,权益乘数=资产总额/所有者权益总额=1/(1−资产负债率)=1+产权比率。

在具体运用杜邦体系进行分析时,可以采用因素分析法。首先确定营业净利率、总资产周转率和权益乘数的基准值,然后顺次代入这3个指标的实际值,分别计算和分析这3个指标的变动对净资产收益率的影响方向和程度,还可以使用因素分析法进一步分解指标并分析其变动的深层次原因,找出解决的方法。

## 三、杜邦财务模型的使用步骤

第一步,从权益报酬率开始,根据会计资料(主要是资产负债表和利润表）逐步分解计算各指标。

第二步，将计算出的指标填入杜邦分析图。

第三步，逐步进行前后期对比分析，也可以进一步进行企业间的横向对比分析。

从企业绩效评价的角度来看，杜邦财务模型只包括财务方面的信息，不能全面反映企业的实力，有一定的局限性，在实际运用中需要加以注意，必须结合企业的其他信息加以分析。主要表现在以下几个方面。

一是对短期财务结果过分重视，有可能助长公司管理层的短期行为，忽略企业长期的价值创造。

二是财务指标反映的是企业过去的经营业绩，用以衡量工业时代的企业能够满足要求，但在目前的信息时代，顾客、供应商、雇员、技术创新等因素对企业经营业绩的影响越来越大，而杜邦财务模型在这些方面是无能为力的。

三是在目前的市场环境中，企业的无形知识资产对提高企业长期竞争力至关重要，杜邦财务模型却不能解决无形资产的估值问题。

# 第四章
# 战略分析的四张画布

# 第十六张战略画布——宏观环境分析

**第十六张战略画布——宏观环境分析**

| 企业PEST要素/分析评分 | | 负面影响程度5 | 负面影响程度4 | 负面影响程度3 | 负面影响程度2 | 负面影响程度1 | 正负无影响0 | 正面影响程度1 | 正面影响程度2 | 正面影响程度3 | 正面影响程度4 | 正面影响程度5 |
|---|---|---|---|---|---|---|---|---|---|---|---|---|
| 政治环境 | 国际政治环境 | | | | | | | | | | | |
| | 国内政治环境 | | | | | | | | | | | |
| | 在地法律政策 | | | | | | | | | | | |
| 经济环境 | 国际经济环境 | | | | | | | | | | | |
| | 国内经济环境 | | | | | | | | | | | |
| | 在地经济政策 | | | | | | | | | | | |
| 技术环境 | 国际技术环境 | | | | | | | | | | | |
| | 国内技术环境 | | | | | | | | | | | |
| | 在地技术政策 | | | | | | | | | | | |
| 社会环境 | 国际人文环境 | | | | | | | | | | | |
| | 国内人文环境 | | | | | | | | | | | |
| | 在地社会政策 | | | | | | | | | | | |

涂鸦"宏观环境分析"画布的意义主要有五点：一是弄清楚政治环境对企业的影响有哪些有利和不利的因素；二是弄清楚经济环境对企业的影响有哪些有利和不利的因素；三是弄清楚技术环境对企业的影响有哪些有利和不利的因素；四是弄清楚社会环境对企业的影响有哪些有利和不利的因素；五是深入思考和有效研究，拿出具体方案，利用好那些有利的因素，规避掉那些不利的因素。

## 一、政治环境分析

政治体制与经济体制总是相辅相成的，经济体制的选择往往由政治力量所决定，一个国家或地区的领导人更迭、政党轮替、政治方向转变等代表着政治力量的巨大变化。这种变化会直接传导到政治体制上，政治体制一改变，就代表大环境变了，部分重要的经济体制也会随之转变，最后传导到企业身上，给企业战略带来非常巨大的影响。当然，有一些政治环境的变化是积极正面的，令人欢欣鼓舞，利于企业的发展；有一些变化是消极负面的，令人垂头丧气，不利于企业的发展。

政策性的法律法规对企业战略的影响更加直接和具体，几乎是立竿见影的影响效果，比如劳动法、公司法、环保法、个税法的修订出台，以及很多产业政策、行业政策、环保政策、关税政策、进口政策、出口政策、贸易政策、补贴政策、限行政策、限购政策的修订出台，也会给企业战略带来非常大的影响。

中国企业实施国际化战略，虽是大势所趋，但也要分外地审慎才行。由于国际政治格局的复杂性和多样性，常常令人难以把握方向，所以企业一定要做好事前的调研和评估，要弄清楚所要进入的国家或地区的政治体制和经济体制的基本情况，是否稳定，与中国的外交关系、打破壁垒的难易程度、政府对本国企业的保护力度、对于中国企业的支持力度、地区劳动法、税法、进口政策、出口政策等。如果企业贸然行事，只会带来一系列难以下咽的苦果。

## 二、经济环境分析

经济环境对企业战略的影响最为敏感，大环境直接决定着一个行业和一个企业的小环境。衡量经济环境好与坏的指标非常多，包括全球经济周期、一个国家的经济景气指数（IFO）、国民生产总值（GDP）及年增长率（AGR）、生产价格指数（PPI）、经理人采购指数（PMI）、通货膨胀指数（CPI）、原油价格指数、贵金属价格指数、期货指数、股票指数等。除了这些宏观的经济指标，还有各种微观的金融杠杆，给企业战略带来非常大的影响，比如货币政策、贷款政策、利率政策、汇率政策、税收政策、优惠政策等。

从宏观的角度来看，目前全球经济正处在一个缓慢复苏的周期中，年平均增长率不到3%，比较脆弱也很低迷。截至2017年，据世界银行《全球经济展望报告》中的数据显示，全球经济总量约为74万亿美元，以中日韩为核心的亚洲经济圈以29.1万亿美元的经济总量位居第一，以美国和加拿大为核心的北美经济圈以22.6万亿美元的经济总量位居第二，以德法意英为核心的欧洲经济圈以20.3万亿美元的经济总量位居第三，这是世界经济的大格局。

中国经济40多年来一路高歌猛进。国际货币基金组织的数据显示，1978年中国刚开始实行改革开放时，国民生产总值GDP约为0.23万亿美元，年人均产值54.9美元左右，非常低，位居世界第八位。中国改革开放的国家战略从根本上解放了生产力，并调动了国民的积极性，在1994年超过加拿大，排名世界第七位；在2000年超过意大利，排名世界第六位；在2005年超过法国，排名世界第五位；在2006年超过英国，排名世界第四位；在2007年超过德国，排名世界第三位；在2010年超过日本，排名世界第二位，在2019年的GDP为14.17万亿美元，年人均产值1.01万美元左右。据摩根大通经济学家的研究数据显示，在未来10到15年，中国GDP的平均增长率将是全球平均增长率的两倍，维持在6%左右的水平；预计到2030年，中国经济总量和美国经济总量基本持平。

在发展过程中，我国政府一直通过一双无形的手在适时地调控着市场。在市场经济过热或经济低迷时，这双手所打出的组合拳总是非常直接和有效的，也是很有必要的，比如调整货币宽松或紧缩政策、调整特殊产业的税收政策、调整企业贷款的审批政策、调整相关外币的汇兑政策、调整银行存贷利率的高低、调整进出口关税的税率等。

价格是经济环境中一个非常重要的因素，不管是工业品价格、大宗物资价格、不动产价格、消费品价格，还是资金成本、人力成本等，都非常令人敏感。适度的通货膨胀可以刺激经济的增长，但过高的通货膨胀对经济造成的影响往往难以预料。工业品价格上涨过快，会使企业的采购成本大幅度增加，误导的价格信号往往使某些消费行为被推迟或终止。通货膨胀所造成的社会心理损害对整个市场的供求关系会产生深远的、长期的影响，如果企业不能做出比较精准的预测，对总体战略的影响将是相当大的。

## 三、技术环境分析

技术环境对企业战略的影响非常直接。一个国家的科技水平首先取决于自身的研发水平。专利是一个国家的核心竞争力，拥有多少全球化的专利就拥有了多少核心竞争力。专利是商战制胜的法宝之一，比如高通、微软这些公司，就是用专利大行其道。

从更加广义的角度来讲，企业的科学技术水平的高低更取决于所处行业和所在地区的技术配套水平和质量水平。在一个技术相对落后的行业和地区，企业的发展深受其害，有一个好的产品创意，真正要去生产的时候，却发现材料品质不行、精密制造不行、配套软件不行、检测技术不行、产业工人不行，什么都不行，简直就是一个处处碰壁的环境。而在一个科学技术水平相对先进的行业和地区，企业的发展享有得天独厚的优势，一些先进的技术可以直接拿来就用，配套相当完善，几乎是如鱼得水，整个经营管理链条都处在高端良性的状态中，比如人工智能、5G科技、先进材料、精密制造、工业自动化、物流技术、软件工程、大数据、专利水平、管理科学等，我们常说的水涨船高就是这个道理。

## 四、社会环境分析

社会环境对企业战略的影响是非常直接的，企业战略不能脱离具体的物理空间而存在，这个物理空间里的相关因素就像水和空气一样，无处不在，无孔不入地影响着企业的方方面面。社会环境分为两个大类：一是软环境，感受性的东西，在每个人的心里，企业要认识它并理性地接受它；二是硬环境，客观性的东西，在每个人的身边，企业要认识它并融合进去。

软环境主要指企业所在地的历史背景、文化传统、价值理念、教育水平、风俗习惯、人口素质、治安水平等。企业各项经营管理活动和面向客户的最终产品，必须和这些软环境因素相契合，才能和谐共生、相得益彰，否则将会被无情地抛弃。硬环境指企业所在的地理环境、气候环境、交通环境、资源环境、生态环境等。

任何一个国家和地区都有其与众不同的软环境和硬环境，一方水土自有一方水土的风情。企业不能把自己的东西强加给别人，要研究所在国家和地区的社会环境，要入乡随俗。比如：进军新加坡的海底捞火锅和全聚德烤鸭，其服务模式与菜品口味已经变得相当本地化了；成功进军中国餐饮界的麦当劳在卖豆浆了；主销中国市场的奔驰车、宝马车也都变成加长加大的了。世界民族众多，实施全球化战略的中国企业，要学会只改造那些可以改造的东西，接受在其他国家不能改变的那些东西。

我们再来感受一下中国硬环境的改变：四通八达的高速公路，穿山越岭的高速铁路，超级繁忙的民用机场……和40多年前相比，中国的硬环境已是完完全全不可同日而语了。中国几十年来的埋头苦干，已经基本上让国内大大小小的城市都成为铁路和公路这个完整大网络中的一个个有机节点。可以这么说，中国交通的硬环境，在世界的平台上比较，应该都是优等生。

# 第十七张战略画布——行业环境分析

**第十七张战略画布：行业环境分析**

| 要素/分析评分 | | 最低1 | 2 | 3 | 4 | 最高5 |
|---|---|---|---|---|---|---|
| 行业主要壁垒 | 技术壁垒 | | | | | |
| | 资金壁垒 | | | | | |
| | 资质壁垒 | | | | | |
| 行业经济特性 | 市场规模 | | | | | |
| | 市场增长率 | | | | | |
| | 利润水平 | | | | | |
| | 产地供给 | | | | | |
| | 产品迭代 | | | | | |
| | 产品价位 | | | | | |
| | 产品同质化 | | | | | |
| | 科技水平 | | | | | |
| 行业结构分析 | 行业集中度 | | | | | |
| | 行业饱和度 | | | | | |
| | 对手竞争力 | | | | | |

涂鸦"行业环境分析"画布的意义主要有三点：一是弄清楚企业所在行业的主要壁垒有哪些；二是弄清楚企业所在行业的主要经济特性是什么；三是弄清楚企业所在行业的结构特性是什么。

## 一、行业主要壁垒分析

有些行业的进入壁垒非常高，不但需要大量的资金、人才、技术，还需要行业资质和执业牌照，比如银行业、教育行业、医疗行业、保险业、证券行业、通信行业、烟草行业等。也有些行业完全没有壁垒，也就是我们通常说的低门槛行业，比如传统制造业、餐饮业等。

## 二、行业经济特性分析

如何衡量一个行业的经济特性？这是一个定性的问题，凭感觉是很难简单地下一个结论说某个行业的经济特性好或者不好。我们可以从多个维度来进行全面评估。

市场规模。有些行业的市场规模非常大，能达到上千亿元甚至更大，比如汽车行业、能源行业、地产行业、金融行业等；也有些行业的市场规模相对较小，比如咨询行业、培训行业等。

市场增长率。有些行业处于快速发展期，市场增长率非常高，达到100%甚至更高，比如芯片行业、新能源行业、旅游行业等；也有些行业处于成熟期或衰退期，市场增长率很低，甚至是处于一种萎缩的状态，比如传统印刷行业、纸质传媒行业等。

利润水平。有些行业的利润水平相对较高，达到30%甚至更高，是中高附加值行业，比如投资行业、能源行业、地产行业等；也有些行业的利润水平相对较低，不到10%，是低附加值行业，比如传统制造业、传统服务业等。

产能供给。有些行业的产能供给过剩，比如钢铁行业、服装行业、地产行业等，需要进行供给侧改革；也有些行业的产能供给相对不足，比如医疗行业、教育行业等，需要大力发展。

产品迭代。有些行业的产品迭代非常迅速，产品的生命周期非常短，只有几个月甚至更短的时间，比如手机、服装等，企业要不断推出新产品；也有一些行业的产品迭代非常缓慢，几年都不变，甚至根本不太需要改变，比如汉堡包、重庆小面等。

产品价位。有些行业的产品价位非常高，价值从几十万元至几百万元不等，比如房子、车子等大宗资产；也有些行业的产品价位非常低，只值几毛钱、几元钱，比如一个塑料袋、一支铅笔、一块橡皮等低值易耗品。

产品同质化。有些行业的产品同质化程度很高，比如 A4 打印纸或者餐巾纸，除品牌之外，其他的像价格、品质等因素其实差别很小甚至没有什么差别；也有些行业的产品差异化程度非常高，比如我们买的包，有几十元的低值易耗品，也有几十万元的高端奢侈品。

科技水平。有些行业对科技的要求非常高，是典型的高科技行业，技术水平的高低代表着核心竞争力的高低，比如通信行业、大飞机制造行业等；也有一些行业不需要太高端的科技水平，比如传统零售行业、餐饮业等。

## 三、产业结构分析

行业集中度是决定市场结构最基本也是最重要的一个因素，集中体现了市场的竞争水平和垄断程度。行业集中度是指该行业最大的那几家大企业所占市场份额的总和。赫希曼指数（HHI）经常在反垄断经济分析中被应用，当 HHI 低于 1000 时，代表市场集中度较低；HHI 在 1000—2000 时，代表市场集中度适中；HHI 高于 2000 时，代表市场集中度很高。

行业集中度一般遵循 34 法则，即在一个相对稳定的竞争行业中，竞争格局一般由多个较有影响力的第一梯队竞争者和紧随其后的一群利基竞争者所构成。通常第一梯队最有影响力的竞争者数量一般不会超过 3 个，最大的竞争者的市场份额也不会超过较小竞争者的 4 倍。

据中科院的研究资料显示：世界经济的产业结构发生了两次根本性的转变，第一次转变是从农业经济向工业经济的结构转变，大致时间段为 1760—1960 年，用了 200 年时间；第二次转变是从工业经济向服务经济的结构转变，大致时间段为 1960 年至 21 世纪末，预估需要 150 年左右的时间。目前一些发达国家正在经历第二次转变,而绝大多数发展中国家正在经历第一次转变,但受到第二次转变的深刻影响。

以美国为例,我们看一下从1900年到2010年这110年美国产业结构的巨变是多么明显:1900年美国农业占比18%,工业占比27%,服务业占比55%;2010年农业占比降至1%,工业占比升至20%,服务业占比升至79%。如果把农业和工业合称为物质产业,把服务业分为服务产业和知识产业,美国2010年物质产业占比21%,服务产业占比32%,知识产业占比47%。

这两次产业结构的转变有本质的差别,第一次转变的主要特点是农林牧渔业占比大幅下降,工业和服务业占比大幅上升,工业成为经济发展的主导产业和火车头。在很大程度上,工业化水平决定了经济发展水平。

第二次转变的主要特点是物质产业占比大幅下降,服务业占比直线上升,而服务业中的知识产业更成为经济发展的主导产业和助推器。在一定程度上,知识产业水平决定了经济发展水平。

据中科院《中国现代化报告2018》的资料显示:中国产业结构调整的基本思路是,在三大产业中,优先发展知识产业,加速发展服务产业,有选择性地发展物质产业。该报告中指出,未来35年优先发展的10大产业分别是健康服务、商业服务、专业服务、信息服务、教育服务、金融服务、运输服务、文化服务、社会服务、房地产服务。

# 第十八张战略画布——外部压力分析

| 行业压力要素/分析评分 | | 1很弱 | 2较弱 | 3一般 | 4较强 | 5很强 |
|---|---|---|---|---|---|---|
| 现有竞争者的竞争力 | ①客户竞争 | | | | | |
| | ②市场竞争 | | | | | |
| 潜在进入者的竞争力 | ①客户竞争 | | | | | |
| | ②市场竞争 | | | | | |
| 替代性产品的竞争力 | ①市场竞争 | | | | | |
| | ②价格竞争 | | | | | |
| 消费者讨价还价的压力 | ①可管控性 | | | | | |
| | ②价格竞争 | | | | | |
| 供应商讨价还价的压力 | ①可管控性 | | | | | |
| | ②价格竞争 | | | | | |

涂鸦"外部压力分析"画布的意义主要有五点：一是弄清楚现有的竞争对手有哪些，压力等级是多少，如何化解；二是弄清楚潜在进入的竞争者有哪些，都是谁，如何化解；三是弄清楚替代性产品有哪些，如何应对；四是弄清楚消费者的压力等级是多少，如何化解；五是弄清楚上游供应商的压力等级是多少，如何化解。

## 一、什么是波特五力模型

波特五力模型是哈佛大学商学院的迈克尔·波特教授于20世纪80年代提出来的一个战略分析工具，具有相当深远的影响。波特五力模型认为企业战略的重点之一就是要积极抵御5种外部竞争因素所带来的强大压力，抵御得越好，企业所承受的压力就越小。这5种外部力量来自现有竞争者的竞争力、潜在进入者的竞争力、替代性产品的竞争力、消费者讨价还价的压力、供应商讨价还价的压力。企业只有抵御并化解了这些压力，才有可能获得真正的成功。

波特五力竞争分析模型中的5种竞争力因素越强大，企业被挤压变形的可能性也越大。企业需要花非常多的时间和精力去化解这些压力，化解得好，企业会从一种平衡迈向另一种平衡；化解得不好，企业的领导者就会有一种要四处救火的危机感受。当企业利润低到最终不能满足这些危机的应对成本，或者不能有效防御外部巨大的压力时，企业基本上就陷入困境了。

## 二、现有竞争者的竞争力

在一个完全市场化但相对稳定的竞争行业中，竞争格局一般由多个较有影响力的第一梯队竞争者和紧随其后的一大群利基竞争者所构成。通常第一梯队最有影响力的竞争者数量一般不会超过3个，最大的竞争者的市场份额也不会超过较小竞争者的4倍，这种现象叫行业集中度的34法则。

不管处于第一梯队还是第二梯队，企业都需要充分认识到现有竞争者所带来的巨大竞争力。我是谁？竞争者是谁？像国内相对比较高端的轿车行业，第一梯队较有影响力的竞争者主要有3家，分别是ABB（奥迪、奔驰、宝马）；第二梯队的竞争者则非常多，包括保时捷、捷豹、沃尔沃、凌志、路虎、讴歌、林肯、凯迪拉克、别克、本田、丰田、红旗等。中国汽车流通行业协会的数据显示，2018年中国市场前三位的竞争者分别是奥迪、奔驰和宝马3家。它们的市场份额非常接近，奥迪品牌实际销售66万辆，奔驰品牌实际销售65万辆，宝马品牌实际销售62万辆。

再比如中国高铁参与国际市场的竞争，主要竞争对手是德国的西门子、日本的新干线，中国C919飞机的主要竞争对手是波音和空客等。

## 三、潜在进入者的竞争力

大多数的潜在进入者，是你所不了解的甚至是根本不知道的，毫无征兆，突然一下子就冒出来一大堆类似的企业，特别是一些新兴的热点市场，总有一种长江后浪推前浪的感觉。新企业还未站稳脚跟，更新的企业又扎堆出现了。新老企业毫不手软，面对面抢占市场、争夺客户。比如摩拜单车，宣扬共享经济的理念，得到投资人的高度青睐，全新的商业模式让大家惊喜不已，以为这家可以独霸江湖了。结果不到一年的时间，小黄单车出现了，小蓝单车出现了，小鸣单车出现了，一大堆毫无盈利能力、完全靠烧投资人钱的企业如雨后春笋般冒出来了。也就是两三年的时间，把整个行业搞得混乱不堪，毫无秩序可言，完全是浪费资源的一种不理性行为。

在中国经济快速发展的今天，很多有实力的企业为了进一步做大做强，纷纷实施一体化战略和多元化战略，千方百计拉长产业链，进入一些全新的高附加值行业中去。这对大企业来说是看似微不足道的一小步，但对一个相对稳定的行业来说，实际上却是一大步，原有企业明显的感觉就是狼来了，竞争者来了，要洗牌了。比如华为科技进入电视行业、茅台集团进入啤酒行业、中粮集团进入地产行业、联想集团进入农林牧渔行业等，这些企业的跨界对原来的企业来说，就是典型的潜在进入者。

还有一些企业，本来在第二梯队默默无闻，和行业集中度最高的那几个大咖根本不在同一个层面上竞争，但由于它越做越好，很快就从第二梯队进入第一梯队，和第一梯队的企业面对面展开厮杀，毫不示弱。比如拼多多，从一个默默无闻的小兵，依靠其独特的商业模式和海量广告，迅速跻身到第一梯队，和淘宝、京东等企业展开竞争。

## 四、替代性产品的竞争力

替代性产品指具有相同或相似功能的同质化产品相互之间的替换，那些直接和间接的替代性产品带给企业的竞争压力是非常大的。替代性产品出现的方式有很多，包括新产品对旧产品的替代、新技术对旧技术的替代、高品质对低品质的替代、合理价格对不合理价格的替代、一种功能对另一种功能的替代、一种材料对另一种材料的替代、一种品牌对另一种品牌的替代等。

有些产品本身很容易被替代，因为这些产品的使用功能太接近了。以我们非常普通的交通为例，有很多东西都是可以被瞬间替代的。上班时，从家里去办公室可以自己驾车，也可以选择共享汽车、共享单车、公共巴士、地铁、的士、专车等。

还有一些产品因为同质化程度较高，也很容易被替代。比如奥迪A6系汽车、奔驰E系汽车、宝马5系汽车这3款车，对大多数消费者来说，总体的感觉是品牌接近、品质接近、功能接近、价格接近、服务接近，一种产品替代另一种产品是比较容易的。

一些技术落后的产品自然会被技术先进的产品替代，比如胶卷相机被数码相机替代了、功能手机被智能手机替代了、刷卡支付被移动支付替代了等。大多数比较难以被替代的产品，都具有一定程度的竞争力，比如品牌、品质、价格、技术、服务等。产品的竞争力越低越容易被替代，竞争力越强就越难于被替代。

有很多企业，虽然相互之间在经营管理模式上完全不同，但它们向客户所提供的产品和服务，却在最根本性的使用功能上是高度一致的，相互之间很容易替代。比如顾客在某品牌4S店购买了一辆私家车，作为平时的交通工具，从实质上来看，顾客购买的是这辆汽车的出行功能，而这个功能与共享单车、共享汽车、出租车、专车、公共汽车、高铁、地铁、飞机等其他交通工具所提供的出行功能是一样的。

笔者经常从北京办公室去上海办公室处理工作，每次两三天时间，出行时比较优选的方案有3种：第一种是搭乘高铁前往，第二种是搭乘飞机前往，第三种是亲自驾车前往。当然也可以选择专车等其他交通工具前往。从笔者过去实际的经验来看，高铁方案的优点是准时、高效，需换乘三次交通工具，全部行程6个小时左右，能够选择的班次非常多，没有晚点过，是最令人放心的一种选择。飞机方案的优点是高效、舒适，需换乘3次交通工具，全部行程4个小时左右，能够选择的班次也非常多，但飞机经常晚点，有一次行程竟耗费了7个多小时，飞机理论上耗时最少，但实际结果却未必。方案三的优点是灵活、自主、简单，不用换乘其他交通工具。有一次笔者头脑发热，决定自己开车前往上海办公室，和同行的3位同事轮流开车，日夜兼程，全部行程花费了15个小时。到达上海办公室时，大家疲惫至极，发誓再也不干这种费力不讨好的事情了。

从上述这个例子中可以看出，公共交通运输企业与汽车企业之间存在着相当大的一部分功能重叠，甚至家庭轿车的部分出行功能完全可以被公共交通运输工具所替代。那么汽车企业凭什么可以生存得很好呢？很明显，购买家庭轿车的成本虽然较高，但这种一次性投资的结果使人拥有了等额的固定资产，而且这个固定资产还能给人带来中短距离旅途最大化的便捷出行和舒适出行。公共交通工具虽然相对便宜，但要容忍班次少、拥挤嘈杂、时间长、没有私密性、舒适性差的很多缺点。

## 五、消费者讨价还价的压力

在市场竞争相对比较充分和激烈的任何一个行业，顾客都是上帝。对大多数顾客而言，有购买需求时，某一个企业的某一个产品并不一定是他唯一的选择，快速找到替代性产品是非常容易的，货比三家也是多数人普遍的一种消费心理。所以当企业产品的价格和服务不能满足顾客的要求时，顾客就会抛弃之，当然，也有部分顾客会通过价格攻略或团购的方式和企业进行价格博弈。

不管是网络平台还是实体店，一进去，立马就可以看到醒目的"打折优惠""买一送一""不要998，只要198"的热点广告。从某种程度上来讲，这既是对顾客讨价还价压力的妥协，也是一种迎合。

### 六、供应商讨价还价的压力

大多数供应商是有求于企业的，带给企业的压力不大。但一些寡头供应商拥有非常强的讨价还价能力，主导性地制定了交易价格并建立了一套有利于它们自身运营的游戏规则。因为它们拥有权力、拥有政策、拥有专利、拥有资质、拥有资源、拥有产品，处于行业源头并具有高度的垄断性，企业不从该供应商处购买产品或服务，在其他供应商那里根不就买不到。

还有一些供应商，拥有规模、技术、品质、品牌等方面较强的竞争力，处于产业链上相对强势的地位，它可以将产品卖给你，也可以卖给别人，甚至拥有整个行业非常完整的情报资料，知道什么时候产品短缺，什么时候会发生变化。因此部分供应商会囤积产品，从而提高讨价还价的能力。

## 第十九张战略画布——自我分析

| 要素 | 优势（S） | 劣势（W） |
|---|---|---|
| 机会（O） | | |
| 威胁（T） | | |

第十九张战略画布——自我分析

涂鸦"自我分析"画布的意义主要有三点：一是弄清楚企业的优势和劣势分别是什么；二是弄清楚企业的机会和威胁分别是什么；三是明确定位企业扬长避短和进退有度的基本策略。

### 一、关键问题的提出视角

SWOT 矩阵是一个应用非常广泛的管理工具，既是企业管理者的问题分析工具，也是企业决策者的战略选择工具；既适用于营利性组织，也适用于非营利性组织，简洁但不简单。SWOT 由优势（Strengths）、劣势（Weaknesses）、机会（Opportunities）和威胁（Threats）这 4 个英文单词的首字母合并拼写而成。我们对 SWOT 矩阵的理解有两个视角，第一个层面是关键问题的提出视角,第二个层面是战略方案的选择视角。

SWOT矩阵看似简单,提出问题的视角虽然只有4个,但却非常有内涵,SWOT矩阵包含了多种提出问题的哲学思想。

SWOT矩阵的第一种哲学思想是客观辩证的思想。SWOT矩阵要求我们对待企业要客观辩证,一方面既要清清楚楚地把企业自身的优势罗列出来,善于总结成功原因,企业有哪些优势、核心竞争力是什么;另一方面也要明明白白地把企业自身的劣势罗列出来,敢于暴露真正问题,企业有哪些劣势、自身局限性是什么?

SWOT矩阵的第二种哲学思想是三位一体的思想。提出问题不是1个点,而是内外3个点,三位一体。SWOT矩阵要求我们首先从企业内部提出问题,即企业自身有哪些优势,企业自身有哪些劣势。其次从市场客户的角度提问题,即市场客户展现出来哪些机会。最后再从企业对手的角度提出问题,即外部竞争对手有哪些威胁。

SWOT矩阵的第三种哲学思想是"以我为主"的思想。SWOT矩阵提出问题的视角一共有4个,前两个视角是企业自我的视角,把最好的状态和最不好的状态都呈现出来,即企业获得成功的核心竞争力是什么,企业走向失败的局限性因素是什么;后两个视角分别是市场的视角和竞争对手的视角。

SWOT矩阵的第四种哲学思想是抓大放小的思想。SWOT矩阵按理说可以设计为8个维度,前两个维度是企业自身的两种真实状态:有优势、有劣势,中间4个维度是竞争对手的4种状态:有优势、有劣势、进攻或保守,最后两个维度是市场客户所展现出来的两种状态:机会或陷阱。SWOT矩阵基于抓大放小的思想,选择了这8个维度中的4个维度:企业自身的优势;企业自身的劣势;竞争对手采取优势并主动进攻的状态,即威胁;市场客户所展现出来的机会,看谁有核心竞争力能否以狼性方式抓住这个机会。

综上所述，SWOT矩阵在具体应用时，对大家的要求就是实事求是地回答这4个问题，并详细地罗列出来：企业有哪些竞争优势、长板、核心竞争力？企业有哪些竞争劣势、短板？竞争对手有哪些竞争威胁、长板、核心竞争力？市场客户为企业提供了哪些可能性的成长机会？

## 二、战略方案的选择视角

在三位一体的问题提出来之后，SWOT矩阵为大家提供了4种战略选择的基本思路，即基于SO的高举高打的思路、基于ST的防守反击的思路、基于WO的按兵不动的思路、基于WT的全面退守的思路。

1. SO象限的战略思路。这个象限的战略思路是主动进攻，高举高打，抢占城池。面对市场客户所展现的巨大商机，企业当然不能放过，要抓住一切机会，高举高打，一举拿下，扩大战果。

2. ST象限的战略思路。这个象限的战略思路是发挥优势，防守反击，抵御对手。面对竞争对手的强大压力，企业不要退缩，既然有实力、有能力、有优势，就应该一边防守一边反击，抵御住了竞争对手的进攻，就守住了市场客户。

3. WO象限的战略思路。这个象限的战略思路是按兵不动，积极成长，从长计议。既然没有实力，就要理性看待机会。机会来了，我们要尽快成长，培养实力，从长计议，毕竟磨刀不误砍柴工。

4. WT象限的战略思路。这个象限的战略思路是细分业务，全面退守，减少损失。处于这个象限的企业基本上已经山穷水尽了，既没有核心竞争力，也没有市场客户的青睐，面对强大的竞争对手，不要再留恋，应尽快细分业务，分拆业务，全面退守，在退守的过程中尽量减少损失。

## 三、企业的核心竞争力

核心竞争力是企业对内外资源进行有机整合，并将这些资源转换为经营管理活动中具有持续竞争优势的一种实力。核心竞争力有助于企业进行更多的、更大的价值创造，是企业做大做强的基础。核心竞争力是难以被竞争对手复制和模仿的一种能力。核心竞争力具有4个标准。

● 有价值的能力：核心竞争力是有价值的能力。比如由专利技术、知名品牌等因素所形成的核心竞争力具有非常高的价值。

● 独特的能力：核心竞争力是一种独特的能力。比如品牌是独特的、专利技术是独特的，你的企业拥有，而其他企业并不拥有。

● 难以模仿的能力：核心竞争力是其他企业难以模仿的能力。比如企业文化，它是全体员工共同遵守的价值观，以及行为习惯、生活习惯、工作习惯等，很难模仿。

● 不可替代的能力：核心竞争力是不可替代的能力。比如企业文化、专利技术、知名品牌等，企业离开这些因素，将变得非常平庸。

哈默对核心竞争力有过一个比较生动形象的比喻。他认为企业就像一棵大树，树的根部是核心能力，树干就是由核心能力所派生出来的核心竞争力，树枝则是企业的业务单元，果实是企业的最终产品。

据国家知识产权局公布的资料显示，截至2018年年底，华为拥有通信领域的各种专利数量104225项，是全世界为数不多的突破10万项专利的公司。仅5G领域，华为就拥有2570项，远超高通公司，这就是华为公司的核心竞争力。

普拉哈拉德和哈默在《公司的核心竞争力》一文中指出，佳能公司虽然生产几十种功能迥异的产品，但在这些产品的背后，是该公司拥有一项其他公司不可比拟的核心竞争力。这项核心竞争力就是关键技术，即精密机械技术、精密光学技术、微电子技术，正是这项核心竞争力确保了佳能公司长期的市场地位。

# 第五章
# 战略执行的两张画布

# 第二十张战略画布——战略地图

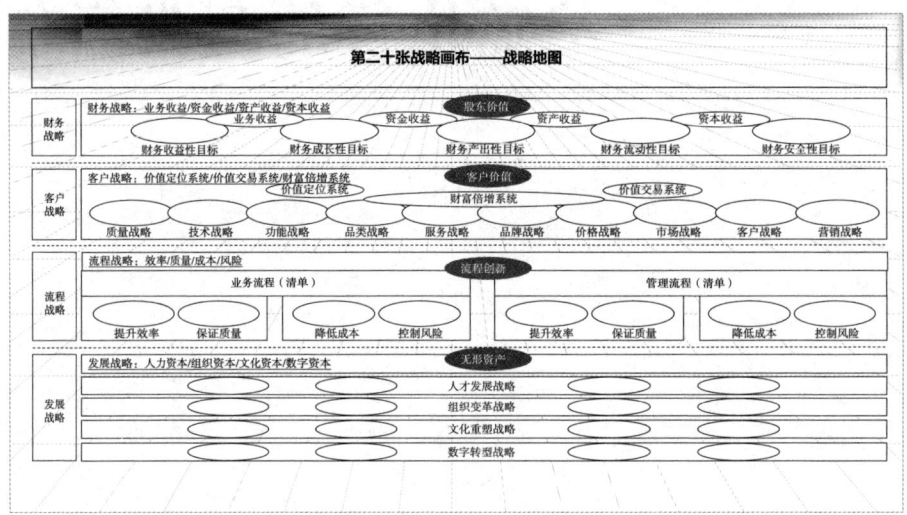

涂鸦"战略地图"画布的意义主要有四点：一是明确让投资者满意的财务战略和财务目标分别是什么；二是明确让客户满意的业务战略和市场目标分别是什么；三是着眼于质量、效率和成本之间的平衡，找到管理流程和业务流程的优化方法；四是理顺企业四大轻资产该如何支撑总体战略的有效落地和顺利实施。

## 一、平衡计分卡的财务视角

财务视角所关注的核心问题是如何满足股东在财务上的价值回报。从战略落地和战略承接的角度来看，总体战略中的各种商业目标完全可以在这个维度得以落地并完整呈现出来的。罗伯特·卡普兰和大卫·诺顿在

《平衡计分卡》一书中写道："财务回报是所有投资者都追逐的,投资者通常会选择几个最核心的财务指标作为衡量企业是否成功的标志。"那么投资者会追逐什么样的财务回报呢？是超级回报、高回报、中回报,还是低回报？投资者会选择什么样的财务指标呢？是规模经济指标、利润指标、现金流量指标,还是企业市值指标？企业为了实现这些财务指标会选择超高速发展、高速发展、中速发展,还是低速发展？相信不同的投资者在企业不同理念的驱使下,对上述问题的回答是完全不同的。

深圳万科集团是国内实施平衡计分卡比较成功的地产企业之一。在财务维度,万科的理念有6个,分别是高速增长、回款第一、现金为王、严控应付款项和资金成本、加速资金周转、推行商票机制,这些理念是非常值得借鉴的。

杜邦财务模型对财务的关注与众不同,众多指标中有3个关键指标,一是主营业务的利润率,二是资金周转率,三是资产负债率。

主营业务利润率是一个反映价值创造水平的指标,有3个区间:一是低附加值的利润率,低于10%；二是中附加值的利润率,介于10%—20%；三是高附加值的利润率,高于20%。企业尽量制定中高水平的利润率指标。

资金周转率是一个反映资金周转速度的指标,有两种状况:一种状况是短平快高周转,企业对资金的利用率非常高；另一种状况是账期长周转慢,企业对资金的利润率非常低。企业尽量制定较高水平的资金周转率指标。

资产负债率是一个衡量企业利用债权人资金的能力水平的指标,有3种情况:一是没有负债；二是非常低的负债；三是非常高的负债。企业尽量制定合理水平的资产负债率指标。

## 二、平衡计分卡的客户视角

平衡计分卡的客户视角是战略落地的第二个视角,这个视角所关注的关键问题是如何满足客户的价值主张。罗伯特·卡普兰和大卫·诺顿在《平衡计分卡》一书中写道:"除非我们让客户的价值主张变为现实,否则我们做的一切都毫无意义。"从长期实践的经验来看,我们可以把客户视角定位为两个问题。第一个问题:谁是我们的客户?第二个问题:要让客户满意,我们该采取什么样的营销战略?

谁是我们的客户?这个问题看起来好像不是问题,实际上这是一个非常关键的问题,如果连客户是谁都回答不清楚的话,对企业来说,是相当盲目的,也是相当致命的。对客户不聚焦,企业在研发、生产和销售上的无用功会呈几何级数增加。

客户需要细分,最简单的细分方法,就是按照性别把客户划分为女性客户、男性客户,按照消费水平把客户划分为高端客户、中端客户、低端客户等若干个等级,或者按照年龄阶段把客户划分为儿童客户、学生客户、青年客户、中年客户、老年客户等若干个集群。企业的营销战略就是选择一部分客户,放弃一部分客户,选择需要智慧,放弃需要勇气,一个企业试图对所有客户都通吃,实际上这是非常糟糕的营销战略。当然,连客户是谁都搞不清楚的战略,更是愚蠢的战略。

### 三、平衡计分卡的流程视角

平衡计分卡的流程视角是战略落地的第三个视角,这个视角所关注的核心问题是如何进行关键流程的创新、变革与再造。大多数企业的关键流程都来自研发系统、产品系统、营销系统、资源系统这 4 个系统。几乎每一个系统的每一个流程的起始点和路径图都不相同,即流程的设计理念和运行逻辑不同,而且每一个流程横向到边、纵向到底的广度和深度也不相同。所以,我们完全可以把流程划分为一级流程(跨越多个大系统的业务流程和管理流程)、二级流程(一个系统内跨越多个部门或多个岗位的业务流程和管理流程)、三级流程(一个部门内或一个岗位内的业务流程和管理流程）。如果所有这些流程的逻辑、路径、广度、深度能够完全被理顺的话——首尾相连，环环相扣，全部汇聚在一起，就会形成非常重要的一份全局性的文件，即流程总图，有时我们也把这份文件叫作流程蓝图。流程的五大创新主要指理念的创新、效率的创新、质量的创新、成本的创新、风控的创新。为什么要对四大流程进行五大创新呢？因为每个流程的目的不一样，功能不一样，而且财务视角和顾客视角一系列全新的战略任务必须要在这个维度得以承接，并有所创新和突围，不能再用"敌不动我不动，敌动我也不动"的老旧思维来继续抱残守缺了。墨守成规只会让企业的财务增长和客户满意失去活力和竞争力，所以创新和突围已经成为一种常态。

从流程性质来看，流程可以划归在两大系统中，一是业务系统，二是管理系统，对应的流程分别是业务流程和管理流程。

业务系统的流程可以细分为研发流程、产品流程、营销流程等。

研发流程包括：一是概念阶段的流程，二是计划阶段的流程，三是开发阶段的流程，四是测试阶段的流程，五是验证阶段的流程，六是发布阶段的流程，七是生命周期管理阶段的流程，八是知识产权和专利管理的流程。

产品流程包括：一是供应商管理流程，二是生产订单管理流程，三是原辅材料采购流程，四是产品制造与集成流程，五是设备设施与工艺管理流程，六是仓储物流流程，七是安全环保管理流程。

营销流程包括：一是客户开发流程，二是销售管理流程，三是订单管理流程，四是账款管理流程，五是客户服务与投诉管理流程，六是营销策划与品牌管理流程。

管理系统的主要流程包括战略与计划管理流程，资金管理流程，资产管理流程，软件、数据和知识管理流程，人力资源开发管理流程等。

下面谈谈流程的僵化、优化和再造。

流程僵化指的是企业的流程与现实已经完全脱节了，由于强大的执行惯性，很多不合理的东西，经年累月地做着，好像也变得合理了。很多低效的组织，就是流程僵化所造成的，特别是一些跨系统和跨部门的大流程，甚至已经出现了相互之间的流程壁垒和执行红灯，完全是一种病态的效率了，人们还在机械地执行着那些落后的动作。流程僵化很可怕，最可怕的是执行者失去了质疑这些流程合理性的意识和热情——就这么做吧，因为昨天是这么做的，今天也这么做吧，别人是这么做的，我们也这么做吧。

流程优化指的是企业对一些明显不合理的流程进行变革。比如对审核环节非常多、审批时间非常长的费用报销流程，如何优化呢？最简单的做法就是精简，删繁就简，高度压缩，对一审、二审、三审这种高度分权的审核活动进行合并，压缩为一个高度集权的审批环节即可。对5个工作日时长的低效的报销时间进行压缩，提速为1个工作日即可。很明显，这两点就是对一个不合理流程的有效优化。

流程再造是彻底地对原来的流程推倒重来——运用全新的理念、全新的逻辑、全新的资源进行颠覆式创新，使再造后的流程所输出的价值呈几何级数增加。这里的价值有可能是客户满意的价值、效率提升的价值，也有可能是质量提升的价值、成本降低的价值、风险降低的价值。

流程再造的基本原则是什么呢？综合迈克·哈默、阿什利·布拉干扎、乔·佩帕德、菲利普·罗兰的管理思想，我们可以总结为10个字，这10个字是：客户、效率、质量、成本、风险。

客户，客户，还是客户。这是流程再造的最高准则，以客户满意为导向的流程再造思维，是非常重要的思维。这种思维的本质就是把方便留给客户，把信任留给客户，把困难留给自己。流程再造强调听客户的声音。以客户为导向是流程再造的起点，也是基础，能够帮助客户实现价值的流程才是把握了正确的流程管理的大方向。有时，客户对于需求的表达并不是很明确，甚至是零散的、碎片化的，因此需要企业对客户的声音进行提炼和分析，不仅要倾听客户对于产品和服务的满意度，还要倾听客户的新需求。如果一个流程的改变不能在市场上获得更多客户的订单，仅是让原来的客户都抛弃企业产品，或者让原本满意度比较高的客户变成了满意度不是那么高的客户，很明显，企业这种流程就是完全失败的。

客户就是上帝，这句话并非空话，沃尔玛有一句很有智慧的话，贴在很显眼的地方，进去就能看到，说的就是这个意思——第一，顾客永远是对的！第二，如有异议，请参照第一条！服务客户的流程虽然只有两个步骤，但顾客导向的思维却表达得相当清楚，没有一丝一毫的模糊空间。

效率，效率，还是效率。这是流程再造的第二个大原则，快一点，企业能不能再快一点！没有任何一个客户喜欢啰里啰唆的企业，也没有任何一个客户能接受效率低下的企业。笔者曾和一家移动通信公司打过交道，为了恢复一个"一卡多号"的号码，折腾了10多天，来来回回跑了3趟。这家移动通信公司店大欺客的傲慢心态，拖沓的做法简直能把人气死。

今天的时代不仅是大鱼吃小鱼的时代，还是一个快鱼吃慢鱼的时代，机会稍纵即逝，谁的流程效率更高，谁就能在单位时间内得到更多的机会。招商银行前董事长马蔚华先生说过这样一句话："没有效率就没有效益，没有效益就没有一切！"这句话说得非常好。

质量，质量，还是质量。这是流程再造的第三个大原则，如果一个企业的产品设计流程和生产流程连质量都不能保证的话，再怎么高谈阔论客户导向，再怎么提升效率，再怎么降低成本，都将是灾难性的。

成本，成本，还是成本。这是流程再造的第四个大原则，成本低一点，最好能够再低一点！这里的成本既可以是时间成本，也可以是费用成本。如果一个企业的流程繁复到令企业的运营成本居高不下，甚至导致企业入不敷出，毫无利润可言，这种流程确实是有严重罪过的流程，必须进行及时的优化和再造。

大多数企业的低成本优势最终都可以转化为利润优势和价格优势，不但企业可以受益，客户也可以受益。当然，过度追逐低成本而导致客户满意度降低、产品质量下降，这是一种得不偿失的做法。低成本和高质量，二者并非悖论的关系，而是和谐统一的关系，任何一种流程再造的原则都不能以牺牲其他原则为前提。

风险，风险，还是风险。这是流程再造的第五个大原则，风险低一点，再低一点，最好是零风险！大多数企业在和外部机构合作的过程中，包括采购、销售、并购、合作等，都存在一定程度的法律风险和资金风险，在项目投资上，更是存在巨大的战略风险。如何进行科学决策，如何消除风险隐患，是任何一个企业都不容回避的现实问题。

识别风险，控制风险，降低风险，可能会在流程上给客户满意、效率提升、质量提升、降低成本带来一定程度的负面影响，但二者并不是矛盾的，而是和谐统一、辩证统一的关系。

## 四、平衡计分卡的发展视角

平衡计分卡的发展视角是战略落地的第四个视角，这个视角所关注的关键问题就是如何从轻资产的角度来驱动企业的成长。从罗伯特·卡普兰和大卫·诺顿在《平衡计分卡》一书中所提及的大量的经典案例来看，我们可以把平衡计分卡第四个视角定义为比较详细的四个维度。这四个维度分别是人力资本的成长、组织资本的成长、文化资本的成长、数字资本的成长。

在笔者看来，平衡计分卡的人力资本、组织资本、文化资本这3个相对独立的概念其实完全可以三合一，合并之后的概念就是人力资源九大系统的概念。

人力资本的成长。人力资本的成长，主要有3条主线，第一条主线是以能力为导向的人力资本成长，第二条主线是以激励为导向的人力资本成长,第三条主线是以文化为导向的人力资本成长。能力导向的人力资本成长主要包括任职资格、素质测评、培训发展、企业大学等功能板块,全方位解决的是人力资本的能力问题,与能力素质指数、人岗匹配度指数密切相关。激励导向的人力资本成长,主要包括薪酬体系、绩效体系、奖金体系、股权体系等功能板块,全方位解决的是人力资本的激励问题,以及员工的热情和积极性能否被充分调动起来的问题,与满意度指标、忠诚度指标、敬业度指标相关。文化导向的人力资本成长,主要包括理念文化、制度文化、行为文化、仪式文化等功能板块,全方位解决的是人力资本的思想问题,以及什么是对的什么是错的,什么要坚持什么不必坚持,什么是重要的什么是不重要的问题。

从人事管理到人力资源管理,从人力资源管理再到人力资本管理,广义的人力资源管理在中国企业的管理实践也就短短几十年的时间。今天大多数企业对人的定位已经发生了根本性的改变,人的内涵已经不再是当初那种人和事的简单内涵了,人变成了人力资源和人力资本,甚至是人力资产。

当人被当作生产线上最普通的打工妹和打工仔时,人就变成一种没有生命力的生产资料,人力资源部做一做最简单的人事管理就可以了,比如做好考勤工作,按时计酬,按件计酬,准时发工资好像也就八九不离十了。

当人被当作资源时,人这种资源就具备了两种特性,一是可以开发的特性,二是可以管理的特性,人力资源部需要做的工作就比人事管理多多了,比如招聘、培训、薪酬、考核、文化建设等。人力资源开发工作做得好,员工的工作潜能会得到充分的激发,劳动效率大幅度提升;人力资源管理工作做得好,员工的工作热情会被充分地释放出来,呈现出完全不一样的工作风貌。

当人被当作资本时,企业就会算两笔账,一是投入多少,二是产出多少,人力资源部所需要做的工作就会集中在企业大学、猎头、年薪、股权、绩效指标等问题上。人力资本的运营工作做得好的话,通过企业大学的学习投入,企业在很多关键领域就可以打造出储备丰富的人才梯队以及不可多得的领军人物,甚至与猎头公司合作;在薪资和股权上投入,就可以在很多关键岗位上引进国际级最顶尖的关键人才。

人这个字实在是难写,对人这种极其复杂的轻资产——有血有肉、有思想、有灵魂、有欲望,有经济人角色,有社会人角色,我们该采取什么样的方式才是最有效的开发、管理、运营方式?究竟什么样的投资才是最好的投资,是学习投资、薪酬投资、股权投资、感情投资还是其他投资?究竟什么样的回报才是最好的回报?是人均产值、人均利润、满意度、忠诚度、敬业度还是其他回报?所有这些问题,是每一个企业必须认真探索并积极寻找最佳答案的一个难题。

组织资本的成长。什么是组织?组织就是按照一定的宗旨、使命、愿景和秩序所建立起来的集体。组织有正式组织和非正式组织之分,有营利性组织和非营利性组织之分。

导致组织效率低下,大概有这么几种原因:第一种原因是部门和岗位的设置不合理,权责不清,分工不明,逻辑混乱。这会导致组织结构的规范性非常差,一些执行者这么做,一些执行者那么做;一些工作没人做,一些工作被人抢着做。第二种原因是组织结构的人员定编明显不合理。一些部门的人员非常多,但大多人浮于事;一些部门的人员明显不够,脚打后脑勺,明显忙不过来。第三种原因是管理幅度和管理层次的不合理。对中高阶职位来说,比较合理的管理幅度是5—8;对大多数关键部门来说,比较合理的管理层次是3—5,适度地拉大管理幅度、压缩管理层次对组织效率的提升是有利的。第四种原因是过度的集权或者过度的分权。过度的集权会导致很多工作流程出现大量的停滞点,运行得结结巴巴的,非常不顺;过度的分权会导致很多工作流程演变成完全没有控制节点的一条大竹竿，一下子就通到底了。第五种原因是员工的能力素质达不到任职资格的标准，很多工作做不到位，形成很多工作的黑洞。

笔者曾在一个央企进行过组织变革的咨询工作。在咨询过程中，我们顾问组提出了有助于组织资本成长的4个关键词，这4个关键词分别是瘦身工程、净化工程、盘活工程、激活工程。瘦身工程指的是对组织结构进行瘦身，大幅度地拉大管理幅度，大幅度地压缩管理层次，一下子就裁剪掉了40多个冗余岗位。净化工程指的是通过绩效考核的末位淘汰、民主评议的下岗再培训等机制将不合格员工剔除出去，3年时间累计淘汰不合格员工50多人。盘活工程指的是对部门职能、岗位职责、权责规范进行全面优化，结合竞争上岗机制，重新进行定编、定岗、定员的三定工作，3年时间累计同比减少100多人。激活工程指的是对全新的工作任务展开岗位价值评估，制定完全市场化的宽带薪酬体系和奖金体系，实施按岗位给酬、按能力给酬、按绩效给酬的三结合机制，实施上不封顶下不封底的多劳多得、少劳少得、不劳不得的共赢激励机制。

文化资本的成长。企业文化是企业的灵魂，是推动企业生生不息的一股不竭动力。企业文化所包含的内容非常丰富，核心要件是理念文化、制度文化、行为文化、仪式文化。这里的文化不是指企业经营管理活动中的各种文化表象，而是指企业在从事所有经营管理活动中始终坚持和信仰的核心价值。

大多数企业的文化建设活动都以人为载体，借助文化的力量来塑造人，可以说人的灵魂就是文化的灵魂，文化的灵魂就是企业的灵魂。一个没有自己企业文化的企业，其经营管理活动往往是随波逐流的，为了利益什么都敢做，什么都敢说，什么都敢卖，这样的企业是长久不了的。

企业文化建设是一个非常漫长的过程，既需要投资者的人生智慧，也需要管理者的正确引导，更需要执行者的孜孜以求。很多企业的生意虽然做得很成功，甚至赚到了大钱，但有钱并不代表有文化。人们在和一些土豪企业打交道时，往往会非常失望，因为这些企业所表现出来的主要特征就是急功近利的交易，张嘴就来的承诺，满嘴跑火车的吹嘘，当面一套背后一套的嘴脸，眼睛里闪烁着攫取的光芒。也许几分钟，客户就能感受到这些企业的文化已病入膏肓、无药可救。

万科有自己特色鲜明的三大文化，分别是读书文化、运动文化、绩效文化。读书文化指的是全员读书，用读书会的方式多读书、读好书。每位管理干部一年至少读 30 本书。运动文化指的是马拉松文化，全员参与马拉松跑步活动，通过跑马拉松锻炼身体、陶冶情操。员工既可以跑全马，也可以跑半马。总裁郁亮先生身先士卒，已累计在全世界各个马拉松比赛活动中跑了将近 100 个全马，被员工们戏称为"白马王子"。绩效文化指的是企业建立明确的用人标准和分配标准，谁的绩效好，谁就能得到重用，就比其他人获得更多的成长机会；谁的绩效好，谁就能得到奖励，就比其他人获得更多的绩效奖金。

华为公司也有旗帜鲜明的三大文化，分别是狼性营销、团队作战、艰苦朴素。狼性营销指的是销售人员要像狼一样嗅觉灵敏，坚定地勇往直前，步步进逼，不拿到订单决不罢休。团队作战指的是员工要学会团结，要有大局观，任何大项目，不是靠一两个孤胆英雄干出来的，必须要靠团队，几十人、数百人相互配合、相互协作，取长补短，一起把大事情干成。艰苦朴素指的是一种品格和精神，不管你有多少财富，都要学会节俭，不铺张、不浪费。虽然钱是你的，但资源是社会的，是大家的。

数字资本的成长。数字资本即 IT&DT 资本。

IT 是 Information Technology 的简写，即信息技术，基于相关信息技术所开发的各种软件系统，目前已经非常普及了。打开电脑、打开手机、打开人工智能机器人，各种通用性的软件系统随处可见，还有一些企业定制化地开发了自己的 OA、ERP、EHR、CRM、App 等。在上述这些系统中，有些系统具有明显的边际效应，是封闭的，只供企业员工内部使用，或者只供客户操作产品时使用；而有些系统是没有边界的，是开放的，通过 PC 互联网或移动互联网，任何人可以在任何时候、任何地方，进入特定的软件系统中，完成特定程序的操作。比如我们打开 ERP 系统，可以看库存，可以对生产部门下达生产订单。再比如，我们可以打开手机中的汽车 App，对停在车库里的汽车进行各种功能性的操作，比如关门、关窗、打开空调、打开音响等，甚至预先设置好导航地图。我们还可以随时随地打开淘宝 App，浏览任何淘宝店，购买一本书或一份礼品。彼得·德鲁克在他的专著《21 世纪的管理挑战》一书中指出，几乎所有的企业都正在经历一场无声无息的信息革命，这次革命是人类文明的第五次革命。

　　DT 是 Date Technology 的简写，即数据技术，主要指基于人工智能技术，在云端平台上实现大数据获得、大数据处理、大数据分析、大数据应用。从 IT 时代走到 DT 时代，是工业文明的又一次强力升级。几乎所有人都相信，在不久的将来，数据将会成为最大的生产资料之一，会成为像水、电、石油一样的公共资源。人类有了超级计算能力和大数据之后，世界一定会发生翻天覆地的变化。

# 第二十一张战略画布——组织系统

| 组织要素 | 法人结构 | | | | 集团结构 | | | | | 公司结构 | | | | | | | 管控体系 | | | 权责体系 | | | 流程体系 | |
|---|---|---|---|---|---|---|---|---|---|---|---|---|---|---|---|---|---|---|---|---|---|---|---|---|
| | 股东大会 | | 董事会 | | 监事会 | 管理层 | | | | | | | | | | | | | | | | | | |
| | 大股东 | 小股东 | 董事长 | 董事会秘书 | 提名薪酬考核委员会 | 审计委员会 | 监事长 | 监事委员会 | 首席执行官 | 首席运营官 | 首席战略官 | 首席财务官 | 首席人才官 | 首席营销官 | 战略体系 | 财务体系 | 投资体系 | 技术体系 | 人力体系 | 营销体系 | 客服体系 | 财务部门 | 技术部门 | 供应链部门 | 生产部门 | 质量部门 | 行政部门 | 营销部门 | 客服部门 | 战略管控 | 财务管控 | 人力管控 | 资金权限 | 资产权限 | 人事权限 | 业务权限 | 管理流程 | 辅助流程 |
| 现状 | | | | | | | | | | | | | | | | | | | | | | | | | | | | | | | | | | | | | | |
| 未来 | | | | | | | | | | | | | | | | | | | | | | | | | | | | | | | | | | | | | | |

涂鸦"组织系统"画布的意义主要有五点：一是明确支撑总体战略的法人结构该如何创新优化；二是明确支撑总体战略的组织结构该如何创新优化；三是明确支撑总体战略的管控体系该如何创新优化；四是明确支撑总体战略的权责体系该如何创新优化；五是明确支撑总体战略的流程体系该如何创新优化。

## 一、什么是组织系统

如果把企业的战略比作一个人的大脑中枢系统的话，那么组织系统就是一个人的骨骼系统。骨骼系统可以让一个人做到昂首挺胸，稳稳当当，头顶一片天，脚踏两方土，能静能动，能跑能跳。人为什么不会瘫软下来变成软体动物呢？这依赖于我们身体内的206块骨骼，它们分别是29块颅骨、51块躯干骨、64块上肢骨、62块下肢骨。如果再做一个类比的话，这206块骨骼就好比一个企业的206个岗位，其中29块颅骨是法人结构的岗位，51块躯干骨属于管理性质的岗位，64块上肢骨属于经营性质的岗位，62块下肢骨属于支持性质的岗位。

组织系统最大的价值就是衔接战略，向上承接，向下落地。一个完整的组织系统由以下六个部分组成，分别是法人结构、集团结构、公司结构、管控体系、权责体系、流程体系。

## 二、法人结构

法人结构即法人治理结构，指的是股东大会、董事会、监事会、管理层对公司的使命愿景、中长期发展战略、商业目标、商业计划、重大经营管理活动的一种综合治理结构。按照《中华人民共和国公司法》的规定，法人治理结构由四个部分组成。

法人治理结构的第一部分结构是股东大会。股东大会由全体股东组成，股东大会是公司最高的权力机构，通过法定的定期会议、年度大会和临时会议的方式，对公司所有重大的商业活动进行最广泛的决策权、监督权、管理权。

法人治理结构的第二部分结构是董事会。董事会由公司股东大会选举产生，负责制定中长期发展战略、商业目标、商业计划，维护股东的权益。董事会是运营层面的最高决策机构。董事会代表性的人物是董事长，通常下设若干专业性的决策机构，比如战略委员会、薪酬与考核委员会、提名委员会等。

法人治理结构的第三部分结构是监事会。监事会由股东大会选举产生，对董事长、董事（含独立董事）、管理层的重大经营管理活动发挥监督作用。监事会是公司运营层面的最高监督机构。监事会的代表性人物是监事长，通常下设若干二级监督机构，比如审计委员会等。

法人治理结构的第四部分结构是管理层。管理层由董事会按照相关程序选举产生，按照中长期战略规划的相关内容展开各项经营管理活动。管理层是公司运营层面的最高执行机构。管理层的代表性人物是首席执行官（CEO），通常配置若干专业系统的负责人，比如首席运营官（COO）、首席财务官（CFO）、首席人才官（CHO）、首席技术官（CTO）、首席战略官（CSO）等。

法人治理结构的四个组成部分，都是依法设置的。法人治理结构的设置、产生、人员构成、职权分配、议事规则等在《中华人民共和国公司法》中都有非常具体的规定。所以说，法人治理结构的建设都是以法制为基础，结合公司的具体情况而形成的。

在法人治理结构建设的过程中，有四个基本原则必须遵从。第一个原则是有法必依：法人治理结构关系到投资者、决策者、监督者、经营者的基本权利和义务，凡是法律有规定的，相关人员应当无条件遵守这些法律法规。第二个原则是权责清晰：法人治理结构中的任何人和任何委员会都应当进行明确的权责划分，相关人员必须在这个基础上各司其职。第三个原则是协调运转：法人治理结构中的四个组成部分只有紧密地结合在一起，相互协调、相互配合，才能高效地运作起来，真正起到有效治理的作用。第四个原则是有效制衡：法人治理结构的各部分之间不仅要相互协调配合，而且还要有效实现制衡，特别是股东大会和监事会对董事会的制衡，以及董事会对管理层的制衡。

积极推进法人治理结构的建设有什么意义呢？第一个意义是保证投资者的权益。在所有权与经营权分离的情况下，投资者有可能会失去对企业的实际控制权，当经营者违背投资者意愿做出一些侵犯投资者权益的事情时，投资者可以依据相关法律法规进行有效的维权。第二个意义是保证经营者的权益。投资者应充分信任经营者，不要把手伸得过长，要让经营者有一个相对自主和宽松的工作环境，同时当经营者完成了董事会的相关 KPI 时，经营者应该按照绩效合同的相关约定对经营者进行有效的激励。

目前比较主流的法人治理模式有两种，分别是以美国企业和欧洲企业为代表的欧美模式、以中国企业和日韩企业为代表的亚洲模式。欧美模式的最大特点是高度分权，股东大会、董事会、监事会、管理层之间的权责界限非常明晰，大家各司其职，能够从多个角度为投资者利益的最大化提供专业化的服务。我们把这种治理模式也称为共治模式。亚洲模式的最大特点是高度集权，股东大会、董事会、监事会、管理层之间的权责界限非常模糊，表面上有四个结构，实际上就董事长或总裁一个人说了算。我们把这种治理模式也称为个人模式。

1999 年 5 月，由 29 个发达国家所组成的经济合作与发展组织，通过了一份有关公司治理结构的原则的文件。这份文件的指导性非常强，关键要点如下。

● 公司治理结构的框架应当积极维护股东的权利。

● 公司治理结构的框架应当确保包括小股东和外国股东在内的全体股东受到平等的待遇，如果股东的权利受到损害，他们应有机会得到补偿。

● 公司治理结构的框架应当确认利益相关者的合法权利，并且鼓励公司和利益相关者为创造财富和工作机会以及为保持企业财务健全而积极地进行合作。

● 公司治理结构的框架应当保证及时、准确地披露与公司有关的任何重大问题，包括财务状况、经营状况、所有权状况和公司治理状况的全部信息。

● 公司治理结构的框架应确保董事会对公司的战略性指导和对管理人员的有效监督，并确保董事会对公司和股东负责。

我们一起来了解下华为的法人治理结构。华为是世界 500 强企业中唯一一家还未上市的超大型企业。华为实行全员持股制，股东为华为投资控股有限公司的工会委员会和任正非，工会出资比例为 98.82%；任正非出资比例为 1.18%，任正非在员工持股计划中的出资比例为 0.21%，以上两项合计后，任正非拥有华为公司总股本的比例为 1.39%。华为的法人治理结构包括以下 7 个部分。

1. 华为股东会：由工会和任正非组成。

2. 董事会及其专业委员会：董事会是公司战略和经营管理的决策机构，对公司的整体业务运作进行指导和监督，对公司在战略和运作过程中的重大事项进行决策。董事会下设人力资源委员会、财经委员会、战略与发展委员会和审计委员会，协助和支持董事会运作。

3. 人力资源委员会在董事会授权范围内，进行人力资源管理关键政策的制定和决策，以及执行监管。

4. 财经委员会在董事会授权范围内，对经营活动、投资活动和企业风险进行宏观管控，使公司在机会牵引与资源驱动之间达到动态平衡，实现公司长期有效增长。

5. 战略与发展委员会通过洞察行业、技术及客户需求的变化趋势，寻找公司的发展机会和路径；通过对产业投资、技术、商业模式和变革的宏观管理，实现公司的力出一孔和持续有效增长。

6. 监事会主要职责包括检查公司财务和公司经营状况，对董事、高级管理人员执行职务的行为和董事会运作的规范性进行监督。监事列席董事会会议。

7. 审计委员会在董事会授权范围内履行内部控制的监督职责，包括对内控体系、内外部审计、公司流程以及法律法规和商业行为准则遵从的监督。

华为实行董事会领导下的轮值 CEO 制度。轮值 CEO 在轮值期间作为公司经营管理以及危机管理的最高责任人，对公司生存发展负责。轮值 CEO 负责召集和主持董事会常务委员会会议，在日常管理决策过程中，对履行职责的情况及时向董事会成员、监事会成员通报。

任正非对CEO轮值制度做出过明确的说明，三个轮值的CEO各自有自己相对独立的分管领域，一个管人力资源委员会，一个管战略与发展委员会，一个管财经委员会，也就是分管公司的人、财、事。这三部分是固定分工的，不会轮值。剩下部分就是公司运转过程中，内外部事务的处理。处理也不是轮值CEO一个人来处理，很多事情还是要召集大家来讨论。每个月都有董事会，还有日常例会。

在华为创业初期，和大多数企业的法人治理结构几乎没有什么太大差别。任正非对所有人进行管理，组织架构是平的，所有人都直接向任正非汇报工作，任正非需要对所有重大的经营管理工作进行决策。华为在2004年取消了沿用了10多年的常务副总裁职位和总裁办公会决策的治理模式，推行EMT制度，即最高管理委员会决策制度。华为从原来的任正非个人决策走向了团队决策，公司重大的决策均由EMT来决定。华为在2012年对实施了8年的EMT主席制度再度进行了优化，调整为现在的极具华为特色的CEO轮值制度。

## 三、组织结构

广义的组织结构包括集团组织结构和公司组织结构这两个部分。比较常见的组织结构有4种：第一种是单一利润中心的职能式组织结构，第二种是多利润中心的矩阵式组织结构，第三种是多利润中心的集团式组织结构，第四种是多事业部的集团式组织结构。

国内很多中小企业的组织结构都是比较典型的职能式组织结构。特别是一些传统制造企业，规模不大，业务比较单一，利润中心也比较少，管理层下面设置几个部门，比如研发部、采购部、生产部、销售部、财务部、人力部等，围绕一两项业务，以管理层为核心，就运作起来了。这种组织结构的优点是功能划分清晰明确，汇报关系简单明了，运作起来非常高效。

　　有一些企业的利润中心比较多，比如一些工程建设公司，同时执行大大小小数十个项目，每个项目的利润模式和运营模式基本相同，专业化程度很高。像这种性质的企业，通常会采取矩阵式的组织结构，项目组共享技术、人力、财务等公共部门的资源，项目资源和公共资源一集合，就形成了项目经理直接管理和职能部门间接管理相结合的多头管理模式，比较复杂。矩阵式的组织结构往细了分，又可以分为重项目、轻职能的组织结构和重职能、轻项目的组织结构这两种差异很大的组织模式。矩阵式组织结构的优点是资源共享，缺点是多头管理。

　　大多数实施多元化发展战略的企业，特别是实施不相关多元化发展战略的企业，都有三个显著特点，一是业务板块非常多，跨多个行业和多个产业，甚至跨多个区域和多个国家。这些业务所对应的企业有大有小，成立时间有先有后，有些是上市公司，有些还处于孵化的状态，完全没有规律，差异性非常大。二是这些业务板块的投资人不尽相同，有些是全资企业，有些是合资企业，有些是控股企业，有些是参股企业，法人结构的差异性非常大。三是这些业务板块非常独立，相互之间没有什么共同性，缺乏交集。像这种性质的企业，通常会采取集团式组织结构，集团本部对下属企业通过合适的集团管控模式，比如以财务管控、战略管控、人力管控、经营管控等母子公司管理模式，对下属企业实施有效的管理。

　　还有一些企业，业务虽然非常多，但这些业务的集中度很高，可以形成业务边界非常清晰的几个产业集群（Strategic Business Unit，SBU），这些相对独立的战略性产业集群就是事业部。像这种性质的企业，通常可以采取事业部制的集团式组织结构，集团本部下面的二级结构是事业部，事业部下面的三级结构才是各个下属企业。

　　组织结构的可视化成果之一就是组织结构图，我们在阅读一个企业的组织结构图时，可以非常直接地看到一个完整组织系统中各个功能板块之间的相互关系,包括上下关系、左右关系、空间位置、聚散关系、路径关系。

组织结构的设计必须符合以下十大原则:战略导向原则、统一指挥原则、专业化原则、分工协作原则、集权分权原则、责权对等原则、职权唯一原则、合理幅度原则、人岗匹配原则、前瞻性原则。

将组织系统中的所有岗位全部汇总在一起,就形成了职位体系。职位体系的关键内容包括以下3个方面:一是职位描述,即岗位说明书;二是职位序列,即职族职等职级体系;三是组织"三定",即定编、定岗、定员。

岗位说明书的编制相对比较简单,就是把每个岗位的工作任务描述清楚即可。如何写好岗位说明书呢?有一些小经验值得和大家分享。我们以集团培训经理为例,这个岗位有一项比较基础的工作叫"负责编制年度培训计划,交由部门领导审批"。在这项工作任务中,有3个关键点值得注意,做好这3点,写好岗位说明书也就比较容易了。第一点值得注意的是工作任务的描述句式,建议使用"动词+名词"的句式。动词代表工作的深度和广度,名词代表具体工作的精确指向,切忌缺胳膊少腿,导致别人不知道你在表达什么。很明显,这项工作任务的动词是"负责编制",名词是"年度培训计划",动词和名词加在一起,就表达得清清楚楚了。第二点值得注意的是常用的动词和名词,必须要进行标准化定义,让大家明白它的具体内涵是什么。比如这项工作任务中的动词"负责编制"和名词"年度培训计划"就必须要定义清楚,写出来,否则就会产生很多歧义。我们咨询项目组在咨询过程中,会使用一本我们自己编制的小册子《管理学常用术语》,里面收集了40多个常用的管理学名词,这些东西对岗位说明书的编制有非常大的帮助。第三点值得注意的是每一项工作尽可能写清楚明确的输入端、过程、输出端,把整个工作任务的上下游交代清楚。像这个工作任务的输出端就写得非常清楚,是"部门领导",工作过程是

"集团培训经理"。

　　一个企业的职位序列，大多是从职族和职等这两个维度来划分的。横坐标这个维度将职位划分为若干个职族，比如管理职族、技术职族、营销职族、专业职族、辅助职族等；纵坐标这个维度将职位划分为若干个职等，比如一等、二等、三等、四等、五等，类似于执行层、主管层、管理层、领导层、决策层的划分方法。在此基础上，每个职族又可以划分为若干个职系，比如营销职族可以划分为市场职系、销售职系、客服职系等；专业职族可以划分为人力职系、财务职系、投资职系等。每个职等又可以划分为若干个层级，比如1级、2级、3级、4级、5级等。

　　企业的"三定"工作，即定编、定岗、定员，是非常重要的一项基础性工作，执行好"三定"工作的工作量是非常巨大的。这3项工作，相对复杂的是定编，因为这涉及劳动生产率的持续改善问题，缺少标杆数据、缺少值得信赖的管理工具和方法，就显得非常棘手。对大多数企业来说，一线生产岗位的人员定编大多通过劳动生产率法来进行核定，而二线管理职位的人员定编则非常复杂，可以以工作饱和度评估法和工作写实法的相关数据作为参考。

## 四、管控体系

　　管控体系指的是集团总部对下属企业在运行过程中的实际管理和控制。传统的集团管控三分法的理论，是由战略管理大师古尔德在《战略与风格》一书中首次提出的。所谓三分法指的是集团对下属企业进行实际管理和控制，有3条主线，第一条主线是财务管控，第二条主线是战略管控，第三条主线是经营管控。后来逐渐发展成为四分法，增加了人力管控这一条线。这些管控方式可以单独使用，也可以综合使用，大多数企业的集团管控，都是以某种方式为主，另外的3种方式为辅，都是综合性的。当然，对于单一利润中心的企业来说，不存在集团管控的问题。

## 第五章 战略执行的两张画布

为什么要实施集团管控呢？比较直白的讲法就是要把"诸侯经济"变成国家经济。传统的"诸侯经济"指的是每个"诸侯"都各自为政，画地为牢，一家搞一摊，一家搞一套，资源高度分散，不仅不能实现集约化，也不能实现规模化。在这样一个重复建设的低层次发展的水平上，"诸侯"们再怎么苦干巧干，都很难将企业做大做强。国家经济指的是将可以集约化的很多东西集中起来，比如资金集中、技术集中、市场集中、战略集中、文化集中、品牌集中、人才集中。很多东西一旦被集中起来，就会实现量变，量变到一定程度就有可能产生质变。商业因素的质变和爆发，是非常难得的，当然更是非常值得珍惜的黄金机遇。资金、品牌、技术、市场的质变所带来的商业价值是非常巨大的，可以帮助企业实现跨越式的发展，实现更大的价值。这就是实施集团管控的价值和意义所在。

在这里需要强调一下，集团管控的前提条件是集团本部对下属企业拥有法人资产的所有权和经营权，缺乏这个前提条件，集团管控是不存在的。集团管控的根本目的就是要实现各种资源的集约化和最佳配置，力求实现企业价值的最大化。

什么是集团管控的财务管控呢？财务管控就是集团本部对下属企业的资本、资产、资金拥有一定程度的话语权，拥有百分之百的话语权时，就是最集权的财务管控模式，一般我们称之为外派制。外派制指的是下属企业的财务系统全部是集团本部的，下属企业的财务制度是集团本部制定的，下属企业的工作计划是集团本部审批的，下属企业的工作人员是集团本部任命的，只不过是外派到下属企业来工作而已，下属企业完全接受集团本部的指挥调度和安排。比较分权的财务管控就是抓大放小制，集团本部只管任命、审批、集中这3件事情。第一件事情是任命，指的是财务总监由集团本部任命；第二件事情是审批，指的是财务预算由集团本部审批；第三件事情是集中，指的是资金的统收和统支。除了这些"大事"之外，其他的"小事"由下属企业自己说了算。

什么是集团管控的战略管控呢？战略管控就是集团本部对下属企业的总体战略、业务战略、职能战略拥有一定程度的话语权，拥有百分之百的话语权时，就是最集权的战略管控模式，一般我们称之为家长制。家长制大大小小的事情都需要集团本部来发号施令，下属企业只是一个类似于木偶的执行者而已，完全没有想法，也不能有想法。比较分权的战略管控叫愿景制，集团本部不参与下属企业的战略制定，只给出一个大致的方向或者制定一个中长期的愿景即可，战略和年度经营计划的制定全部交由下属企业自己来负责。

什么是集团管控的人力管控？人力管控就是集团本部对下属企业的人力资源、人力系统拥有一定程度的话语权，拥有百分之百的话语权时，就是最集权的人力管控模式，一般我们称之为直线制。直线制指的是下属企业的人力资源和人力系统全部都是集团本部的，下属企业的人力系统是集团本部制定的，下属企业的人力资源是集团本部招聘的，只不过是外派到下属企业来工作而已。比较分权的人力管控就是抓大放小制，集团本部只管任命、考核、定员、定薪这4件事情。第一件事情是任命，指的是下属单位的经营班子成员由集团本部任命；第二件事情是考核，指的是下属单位的经营班子成员由集团本部负责考核，并核算绩效薪资；第三件事情是定员，指的是下属单位的员工定编人数由集团审批；第四件事情是定薪，指的是下属单位的员工薪酬总额以及高管的年薪由集团本部审批。除了这些"大事"之外，其他的"小事"由下属企业自己说了算。

什么是集团管控的经营管控？经营管控就是集团本部对下属企业的研发、供应链、销售、品牌等重要经营活动拥有一定程度的话语权，拥有百分之百的话语权时，就是最集权的经营管控模式，一般我们称之为孵化制。孵化制指的是下属企业的重要经营活动，基本上都需要集团本部先孵化，孵化成熟以后才由下属企业来承接和执行，比如集团研究院负责所有重大技术的前沿性研究和产品研发、集团采购中心负责主要原辅材料的采购、集团营销中心负责所有市场的拓展和客户开发、集团品牌中心负责公司品牌和产品品牌的企划和广告等。比较分权的经营管控叫指标制，指标制指的是集团本部除了为下属企业制定一系列与经营相关的考核指标外，其他的工作全部交给下属单位自己来负责。

近10年来，我们咨询团队完成了100多个集团管控的咨询项目，有一个根本性的问题需要提醒大家注意，那就是什么样的集团管控模式是好的、什么样集团管控模式是不好的，什么样的集团是好的、什么样的集团是不好的，没有绝对量化的判断标准。高度集权可以，但不要一抓就死；高度放权也可以，但不要一放就乱。笔者认为一个好的集团与下属企业之间应该有一两个抓手，不要太多，利用这个抓手给下属企业带来实实在在的价值，比如资金、市场、人才、品牌，甚至是订单。浮于表面的空心化和文职化是很多企业进行集团化建设的致命伤，看起来热闹无比，其实除了天天要报表，给下属企业带来一堆麻烦，没有任何真正的价值输出。

## 五、权责体系

企业的组织系统除了各种工作职责需要明确规范，还有非常重要的一个系统也需要规范，那就是权力系统。与工作职责相匹配、相对等的权力才是真正有效的权力。权力过度时，会导致滥权；权力不够时，会导致内卷。

一个企业的核心权力主要集中在四大系统里，一是资金系统，二是资产系统，三是人事系统，四是业务系统。按照权力大小的不同和性质的不同，通常我们又把权力划分为建议权、审核权、审批权、监督权等。

资金权限。资金系统内的权限主要集中在项目投资、公司贷款、工作借款、付款、报销等领域。

资产权限。资产系统内的权限主要集中在固定资产购买、调拨、处置等领域。

人事权限。人事系统内的权限主要集中在员工考核、表彰、奖励、升职、加薪、异动、辞退等领域。

业务权限。业务系统内的权限主要集中在商品定价、打折、处置等领域。

## 六、流程体系

认识流程的角度很多，可以从经营活动、管理活动、支持活动这3个根本性活动的角度来看流程，也可以从价值链上的技术、产品、营销、资源这4个关键性环节的角度来看流程，还可以从公司、部门、岗位这3个主要组织层次的角度来看流程。当然，也可以从战略视角和组织视角来看流程，即战略执行需要什么样的流程，组织运行需要什么的流程。

为避免混淆，在这里先澄清一下战略、组织、流程这3个关键词的基本内涵和相互之间的关系。决定企业工作方向的是战略，决定企业工作框架的是组织，决定企业工作逻辑的是流程，这3个因素合并在一起，俗称铁三角，三位一体，缺一不可。如果要把这3个因素相互之间的关系阐述清楚的话，大概可以这样表达：战略在上，是顶点和源头；组织和流程在下，是战略执行的左丞相和右丞相。如果从战略这个点出发，左右都可以开弓，顺时针转一圈，主要理念是流程决定组织，逆时针转一圈，主要理念是组织决定流程，顺时针和逆时针都有其完全不同的内在逻辑。究竟是组织决定流程，还是流程决定组织，这个问题在学术界有过相当大的争议，类似于先有鸡还是先有蛋，笔者认为这两个观点是辩证统一的，并不矛盾，部分流程由组织决定，部分流程决定了组织。

如果把战略系统当作一个人的大脑中枢，组织系统当作一个人的身体骨骼，那么流程系统就是一个人的神经系统。神经系统又细分为大脑神经系统、脊椎神经系统、周边神经系统。大脑神经系统类似于企业的一级流程，脊椎神经系统类似于二级流程，周边神经系统类似于三级流程。

一个完整的流程包括6个核心要素，通过流程矩阵可以将这6个要素系统地表达出来。流程矩阵的横坐标有3个要素,分别是流程供应商、流程执行者、流程客户;纵坐标也有3个要素,分别是流程输入、流程过程、流程输出。传统的流程矩阵的思维方式是比较典型的官本位思维,站在自己的角度来思考问题,流程的主人是自己。而现代的流程系统彻底打破了这种官本位思维,把客户和输出放在最前面,很明显,流程的主人是客户而不是自己,这是完全不同的客户导向思维。

流程客户指的是流程最终所服务的客户是谁,提出这个概念的目的就是要明确流程最终的着眼点在哪里。千万不能模糊不清。部分流程的客户是企业内部的工作职位,比如财务预算流程,流程客户是总裁;员工离职流程,流程客户是离职员工。部分流程的客户是企业外部的真正客户,比如销售流程,流程客户是消费者;投诉流程,流程客户是消费者。

流程执行者指的是在流程的整个过程中有哪些具体的操作执行人员。这里的操作执行人员可以是企业总经理、副总经理,也可以是经理和主管;可以是财务人员、采购人员、技术人员、销售人员,也可以是人力资源人员;可以是一个人,也可以是一个小组、一个部门、一个机构、一个委员会等。

我们通过一个具体的流程来看一下谁是流程执行者。比如"主管级员工招聘面试流程",该流程主要包括如下6个步骤:提出需求、一面工作、二面工作、三面工作、背景调查、员工入职。从这些步骤中,可以确认这个流程的主要执行者有3个,第一个是需求部门经理(提出人员需求,将详细资料提交给人力资源招聘主管),第二个是招聘主管(招聘主管收到招聘需求后,收集简历,进行简历筛选,完成一面工作,将一面合格的候选人推荐给人力资源经理),第三个是人力资源部经理(人力资源经理完成二面工作,即结构化面试,将二面合格的候选人推荐给需求部门经理),第三个是需求部门经理(需求部门经理完成三面工作,并确定最终的录取人员）。流程再次回到人力资源部，招聘主管对候选录取人员进行详细的背景调查，背景调查合格之后，安排入职，办理各种入职手续。

流程供应商指的是流程的外部参与机构，比如"主管级员工招聘面试流程"，该流程的外部参与机构主要有3个，一是招聘网站，二是学历验证网站，三是背调机构。招聘主管需要在招聘网站上获得充足的简历资料，在学历验证网站进行候选人的学历验证，在外部机构那里获得专业化和系统化的背景调查资料。

流程的输入指的是流程启动时，就是流程的最开始端，需要哪些物资、设备、材料、资源、信息、资金、人员、计划的输入，这些东西必须是有价值的、不可或缺的。在流程说明细则中，需要详细澄清、强调的是，每一种类型的输入都必须明确输入者是谁。

流程过程指的是为了满足客户需求所必须进行的一系列相关操作活动的集合。这些活动是整个流程的关键，具有高度的价值导向——客户导向、效率导向、质量导向、成本导向、风控导向。一个流程的价值导向不同，流程过程和流程结果就会大不相同。流程过程可以是以下二级活动的部分或者全部：编制、提案、一审、二审、三审、会审、批准、督导、执行、归档等。这里需要特别强调的是，为了提高流程的质量和效率，尽量减少一些不必要的非增值环节，就变得非常重要，比如把一审、二审、三审合并为一次审核即可，使流程的路径更短、效率更高、成本更低。

流程输出指的是流程最终产出的结果，就是流程的结束端，输出的结果可以是一份方案、报告、合同，也可以是产品、服务等。需要强调的是，每一种类型的输出都必须明确输出对象，即向谁输出。

# 后　记

在极端环境下，一个公司能否活下来，是衡量好公司与坏公司的重要标准，能否在极端环境下崛起，是衡量伟大公司与普通公司的重要标准。

这次危机正好发生在中国经济转型的关键时期，对中国经济的企稳和恢复增加了非常多的不确定性，有风险挑战的一面，当然也有发展机遇的一面，就看企业家如何把握。

笔者认为中国经济将跑赢世界上所有国家的经济，用10年后的眼光来看今天，2021年将是很多伟大公司的成立元年或爆发元年，强者更强，弱者更弱。一大批认清了方向，踩对了节奏的公司，将在10年之后收获丰硕的果实。这些伟大公司所涉及的领域将是生命科学、新能源、人工智能、在线社交、在线游戏、大数据、新零售、无接触物流、大健康、奢侈品等。

2021年将有7个红利的风口会发生非常大的改变，这将会对中国企业的发展动能带来很大的影响。一是人口红利的风口已经停止，二是制造红利的风口快停了，三是模式红利的风口一直没有停过，四是资本红利的风口还在继续吹，五是流量红利的风口还在继续吹，六是技术红利的风口正在加强中，七是品牌红利的风口正在加强中。

1. 人口红利的风口已经停止，企业不能再依靠廉价的劳动力作为发展的动能了。目前中国的人口增长率正在下降，也正在快速迈入老龄化社会。

2. 制造红利的风口快停了，不能还在传统制造这个小圈圈里原地踏步。传统制造企业指的是一些本可以却还没有实现数字化、智能化、物联网化的企业，也有些传统企业确实很难转型，这种企业的市场空间和生存空间将受到进一步的限缩和影响。传统产业，特别是劳动密集型的传统制造业，唯有持续不断地进行科技创新和产业升级换代，不断提升核心能力，向工业 2.5 方向迈进，才有活下去的可能性。

3. 模式红利的风口一直没有停过，赶紧寻找全新的商业模式。中国在未来 10～20 年，一定还会出现很多独角兽企业。独角兽企业依靠传统的商业模式是不可能做起来的，唯有商业模式进行颠覆性的创新才有做大做强的可能性。目前已知的商业端口有 10 个，分别是个人 C 端、团队 M 端、手机 O 端、服务器 S 端、渠道 D 端、平台 B 端、工厂 F 端、物流 O 端、金融 F 端、政务 G 端，以后还会越来越多。如何对这些端口进行有机组合，形成极富创意的商业模式，想象空间是非常大的。

4. 资本红利的风口还在继续吹，企业可以把资本作为一个重要杠杆撬动大产业。中国经济长期向好，一直保持着较高速度的增长，政府牵头的各种利好政策，也从来没有停止过。

5. 流量红利的风口还在继续吹，这是目前风力最大的一个风口。流量红利的峰值还没有完全到来，伴随着 5G 和 AI 时代的到来，流量红利还会达到另一个峰值。虽然流量不一定能变现，但互联网时代的营销，最核心的商业因素之一就是流量。流量不是万能的，但没有流量是万万不能的。

6. 技术红利的风口正在加强中，谁抓住了这个风口谁就拥有了主动权。当核心技术赋能给中国制造之后，这个风口所产生的核心竞争力是无比巨大的。

7. 品牌红利的风口正在加强中，这个风口只欢迎有使命感和责任感的企业。一些拥有品牌知名度和美名度的企业，特别是一些百年品牌，正在积极跨界，把品牌价值变现为财务回报。

  中国企业正在经历从人口红利、制造红利的时代进入模式红利、资本红利、流量红利的时代。未来的时代是技术红利、品牌红利、战略红利的时代，谁能先知先觉，谁就能拥有更大的发展动能，比别人跑得更快、跑得更远。

冉斌

2021 年 3 月 1 日